ARISTOTLE

亚里士多德全集

第三卷

苗力田　主编

中国人民大学出版社
·北京·

《亚里士多德全集》编译组成员

苗力田　徐开来　秦典华
余纪元　颜　一　喻　阳
申　明　崔延强　李秋零

目　　录

论灵魂

秦典华 译

* peri Psukhees　据《洛布古典丛书》希腊本文。

第 一 卷

【1】 我们认为所有知识都是高尚而有价值的。就知识 402a
的确切性而言，或就知识对象的崇高和精美而言，有的知识更富有价值。就这两方面来说，我们有理由把研究灵魂的学问放在第一重要的位置上。而且这门研究似乎对全部真理的认识，特别是对自然的研究大有裨益；因为在某种意义上说灵魂就是生命的本原。所以我们首先来寻求解释和研究灵魂的本性和实质，然后研究灵魂的属性①。有些似乎是灵魂特有的性质，另一些似乎属于拥有灵魂的生物②。但是要获得有关这方面的任何确实知识乃是一件最为艰难困苦的工作。这门研究，我是指涉及灵魂的实质与“所以是的是”的研究，与许多其他研究是共同的，而且可能有人认为，存在着某种可以运用到所有其实质正是我们所希望认识的事物之上的单

---

① pathee，原义指由于承受作用而表现出来的东西，在本文中主要译为“属性”，有时根据前后文也译作“现象”、“影响”、“遭受”等。

② 即灵魂与躯体的结合物。

一方法，正如论证可以应用到它所有的属性上一样。如果是这样，我们就必须找到这种方法；如果并不存在某种发现事物本性的共同方法，我们的工作就会变得更加艰难。因此我们必须在每个个别的领域找到合适的方法，即使我们清楚了正确的方法，或者是论证，或者是划分，或者其他方法，但我们应从什么事情上开始着手研究，仍然有许多困难和疑惑；因为问题不同，其出发点也不同；例如，算术与平面几何。

也许我们有必要首先来确定灵魂隶属于哪一个种以及它是什么，我的意思是说，它是某个东西和实体呢，还是性质或数量或我们所指出过的某一别的范畴呢？此外，还要进一步确定灵魂是潜在的还是现实的。这种区分十分重要。其次，我们必须考察灵魂是有部分还是没有部分，所有灵魂是同类还是不同类；如果不同类，其区别是在属上还是在种上。迄今为止，那些谈论灵魂的人及其研究者似乎只是将灵魂局限在人的范围内。我们必须认真考虑灵魂是不是只有一个定义，就像生物的定义一样，或每一个别的事物都有不同的定义呢？如马、狗、人、神的定义。作为共项的生物或者什么都不是，或者是在后的东西，这也同样适合于作为共项的其他名称。而且，如果除了灵魂拥有多个部分外并不存在多种灵魂，我是先研究作为整体的灵魂，还是灵魂的多个部分？此外，问题的困难还在于，何以灵魂的不同部分在本性上不同，以及我是先研究灵魂的各个部分，还是灵魂各部分的功能，例如，是先研究思维还是先研究理智，是先研究感觉还是先研究进行感觉的部分。相对于灵魂的其他部分也是这样。如果先研究灵魂的功能，问题本身就会进一步提出，在考察各部分之前是否应当考察与它们相应的对象呢？例如，感觉者所感觉的东西，理智所思维的东西。认识了一事物是什么会有助于认识实体偶性的原因，如在数学中，知道了直和曲以及线段和平面的本质就有助于认识两直角等于三角形内角之和。反之亦然，认识了事物的偶性也能有效地促进我们对事物本质的认识。我们一旦能够详尽地说明我们面前事物的全部偶性或多数偶性，我们也就能完全说明该事物的本质。因此，一切证明的出发点都是事物的本质定义，那种无助于认识事物的偶性，甚至无助于对它们加以推论的定义，完全是徒托空言、于事无补的。

关于灵魂的属性还有这样的疑难，所有属性是为灵魂所有者共有呢，抑或任一属性都为灵魂自身所独有？这个问题是不可回避的，但解决却非易事。在多数情况下，无论是主动的还是被动的属性似乎都不能脱离躯体而存在，例如忿怒、勇敢、欲望以及一般的感觉。思维有可能例外，但如若它也是一种想象，或者至少它依赖于想象，那么它也不能脱离躯体而存在。如果灵魂的功能或属性中有某种独特的东西，它就能与躯体分离而存在，但如若对灵魂来说并没有什么独特的东西，那它就不能脱离躯体而存在。这就像作为直的直有许多偶性，例如，一直线在某点上与一铜球相切，如若它们是分离的，那么直线就无法和圆球相切。只要它和某一物体始终相联结，分离就不可能。灵魂的所有属性似乎都和躯体相联结，忿怒、温和、恐惧、怜悯、勇敢、喜悦，还有友爱和憎恨；当这些现象出现时躯体就要受到影响。有事实可以证明，有时，虽然某种事情强烈地发生，人们并没有感到激动或恐惧，但有时一些微不足道的小事却使人受到极大刺激，身体变得和紧张、发怒时一样。以下的事例更加显然：任何可怕的事情都没有发生，人们却有受惊的感觉。如果是这样，那么很显然，这说明灵魂的属性依存于质料。所以它们的定义必定会与此吻合，例如，忿怒是某个身体的运动，或者是某个部分的运动，或者是由于某种原因和目的所造成的某种状态下的身体的功能。由于这个原因，研究灵魂，无论是研究所有灵魂还是某一类灵魂，乃是自然哲学家的事情。自然哲学家和辩证学家们所下的定义完全不同，如，忿怒是什么，后者认为忿怒是对于报复的欲望抑或诸如
403b 此类的事情，而前者则把忿怒看作是血液的沸腾，或心脏周围温度的升高。一个回答的是质料，一个回答的是形式和原理。如果事物存在着原理，那么它一定是存在于相应的质料中，例如将房屋定义为免遭风吹雨淋日晒的掩体；而另一种则将房屋说成是石头、砖块和木料；还有的用为了达到这些目的并存在于这些质料中的形式来定义。自然哲学家属于哪一种人呢？是只关心质料而忽略定义的人，还是只关心定义的人？抑或两者兼而有之呢？其他的又是什么人呢？的确并不存在这样的人，只关心质料的属性的不可与质料分离性，

或把属性看作是不能与质料分离的。自然哲学家所研究的是这种躯体或这类质料的所有功能和属性，其他属性，则是别人的研究范围。有些是技师的对象，也许是木匠，也许是医生。有一些属性本来是不可分离的，通过抽象而被当作不属于个别物体了，这是数学家的领域，第一哲学则研究那些被完全当作分离的东西的属性。

但我们必须回到正题上来。我们说过，灵魂的属性和生物的自然质料不能分离，它们的本性即存在于质料之中，如忿怒和恐惧就是如此，就像直线和平面一样是不可分离的。

【2】　在我们论及灵魂的研究中，我们必须要提出那些所要解决的问题，在这个过程中，我们要将自己的理论和前人的意见放在一起进行比较，以便吸收那些较好的说法，而对那些不能令人满意的东西予以驳斥。我们的研究应当从那些在本性上似乎最确实属于灵魂的东西开始。有灵魂的和无灵魂的东西似乎有两个最大的差别，这就是运动和感觉。我们实际上已经从前人那里接受了关于灵魂的这两个特点的说法。有些人说，运动是灵魂最显著的第一的特点，他们相信自身不能运动的东西绝不可能产生运动，所以他们认为灵魂是某种能运动的东西。德谟克里特据此说灵魂是某种火和热；由于形状和原子是无限的，他便说球形的原子是火和灵魂，它们就像空中浮动的尘埃，在穿越窗户的阳光照射下被显现出来，他就把这种微粒的集合体叫做整个自然物所由以

构成的元素。留基波也持有同样的观点。他们把这种球形的原子叫做灵魂，因为这种形状最容易穿过任何物体，并且由于它们自身的运动而引起他物运动，他们认为是灵魂将运动赋予生物的。他们还认为呼吸是生命最本质的东西，因为四周的空气对躯体施加压力，挤压出在生物中产生运动的原子，因为它们自身从来就没有静止过，当其他同样的原子进入呼吸时，所引起的不足就从外面得到补充；通过阻止周围空气的凝固和僵化，它们防止了存在于肉体中的原子的溢出；动物有了这种能力就能生存。毕达戈拉斯学派所阐述的理论似乎比这种说法更详细，因为他们有些人声称灵魂与空气中的尘埃是同一的，而另外一些人则认为灵魂是使尘埃运动的东西。于是这些微粒便在这一理论中找到了它们的位置，因为即使在空气完全寂静时我们仍然能看到它们处在不断的运动之中。那些认为灵魂能自我运动的人也倾向于这种观点，因为他们似乎全都认为，运动是灵魂的显著特点，而且所有其他事物的运动都是由于灵魂，这种运动出于自身，而自身不能运动的东西也不能产生运动。

同样，阿那克萨戈拉说灵魂是产生运动的东西（其他认为心灵①引起所有事物运动的人也是如此），虽然他所说的和德谟克里特所说的很不相同。因为阿那克萨戈拉实际上把灵魂和心灵等同起来了，他认为真理是主观的。所以他认为

---

① nous，在其他语境中，在作为思想功能时，均译“理智”。在泛指两个方面时，译作“心灵”或“理智”。

荷马把赫克托尔的神魂颠倒描写成“躺在那里胡思乱想”乃是极为精确的。他并没有用“心灵”这个词表示相关于真理的能力，而认为灵魂和心灵是同一的。

404b

阿那克萨戈拉在谈论这个问题时不太确切，在很多情况下他都说理智掌管着正确与错误，但有时又说这是灵魂的事情。他认为理智存在于一切生物中，无论是大的还是小的，无论是高贵的还是卑微的。但是在思维①的意义上心灵或理智似乎并不为所有同类的生物所拥有，甚至也不为所有的人拥有。

那些在运动的意义上解释灵魂的人，认为灵魂是最能产生运动的东西；而那些在认识和感觉的意义上来解释灵魂的人则认为灵魂是事物的本原，有些人认为这本原是众多的，有些人则认为是单一的。例如恩培多克勒认为灵魂是由所有元素构成的，甚至每种元素都是某一灵魂，他说：

> 通过土我们看见土，通过水而认识水，
> 通过气认识神圣的气，通过火认识毁灭一切的火，
> 通过友爱认识友爱，通过争吵认识争吵。

同样柏拉图在《蒂迈欧》中也提出灵魂是由元素构成，因为我们是通过“同”而认识“同”，事物是由这些本原构成的。他还在《论哲学》一文中下过同样的定义，认为生物是从

---

① phronesis，在伦理学的应用上译为“明智”。

“一”的理念和最初的长宽高衍化而来，其他事物也同样如此。但他还有另一种说明，即理智是一，知识是二（因为两点之间只有一条直线），而平面的数目是意见，立体的数目是感觉①；因为他认为那些数目、形式和本原是同一的，它们都是由元素构成的。感性事物有时是通过理智来认识的，有时是通过知识，有时是通过意见，有时是通过感觉；而这些数目就是感性事物的形式。

由于灵魂似乎能产生运动和知识，故而有些人认为灵魂是由这两者构成的，把灵魂解释为自身运动的数。但是关于事物的本原，无论是就它们的本性还是就它们的数量来说，人们的看法大相径庭，特别是认为本原是物质性的人和认为本原是非物质的人，其观点完全不同，而把这两者结合起来并把本原说成是两者的混合物的人和上述两类人的观点又不相同。另外他们对数目的观点也不一样，有些人认为只有一，有些人则认为存在多，他们对灵魂所作的说明都是从结论中得出来的。认为本性上能运动的事物乃是第一实在，这并不是没有道理的。因此有些人认为灵魂是火；因为火是最完美的，最接近于非物质性的元素，它的首要特点就是运动并使他物运动。德谟克里特在解释它们每一种的原因时说得更为确切，他认为灵魂和心灵是同一的，它是最初的不可分割的物体，由于微小的部分和形状而运动，他认为这种球形

① 平面的数目指3，立体的数目指4。

乃是最容易运动的形状，而心灵和火就是这个样子。

如前所说阿那克萨戈拉似乎认为灵魂和心灵不同，但他宣称这两者是一种自然物，此外他认为心灵是所有事物的最根本的本原，说它是唯一简单的未被混合的纯粹的存在。他把认识能力和运动能力这两者都归结到同一本原上，并认为心灵使得所有事物运动。根据记载，泰勒士似乎认为灵魂是能运动的东西，因为他说磁铁有灵魂，它能使铁运动。第欧根尼和其他一些人认为灵魂是气，气是最完美的事物，它是本原；由于这个原因灵魂能进行认识并引起运动，灵魂是作为第一的东西，其他一切都是从灵魂而来，作为最精细的东西它能进行认识并产生运动。赫拉克利特也说过灵魂是本原，认为它是一种热散发，其他事物都是由此而来；它是最无物质性的东西而且总是不断地变化着；而且运动只能通过运动来认识；所有的存在物都处在运动之中。阿尔克迈翁关于灵魂的看法似乎和这些观点有些相似，因为他说，由于灵魂类似不朽的事物，所以它是永恒的，它具有这个特性是因为它永远在运动着；所有神圣的事物，月亮、太阳、星辰，以及整个天体都在不停地运动着。还有些人说得不够确切，如希波，认为灵魂是水。这种观点似乎是根源于这样的事实：所有的种子都是湿润的；他反驳了那些认为灵魂是血液的人，种子并不是血液；种子乃是第一灵魂。其他认为灵魂是血液的人，如克利底亚斯，认为感觉是最类似于灵魂的，而感觉的产生便是由于血液的本性。除了土以外，所有的元素都被用来解释过灵魂，谁也没有提议过用土，虽然有人[①]曾说过灵魂是由所有元素构成并和所有元素同一的。

几乎所有的人都用运动、感觉和非物质性这三个特点来限定灵魂；它们每一个特点都是和本原相关的。那些用认识能力来说明灵魂的人认为灵魂是元素或由元素构成，并和有的人[②]争论（某些相同的观点除外）；因为他们说过我们是通过“同”而认识“同”；由于所有事物都是通过灵魂来认识，所以他们认为灵魂是由所有的本原构成。那些声称只存在一种原因和元素的人，把灵魂也变成了一种元素，如火或气；而那些认为本原是众多的人认为灵魂也是众多的。阿那克萨戈拉是唯一认为心灵是不能承受作用的人，它和其他任何东西毫无共同之处。但是，作为被构成的东西，心灵是怎样进行认识的，以及是因为什么原因，他都没有加以解释，而且他的观点也表述得不清楚。认为相反者双方存在于它们的本原之中的人也认为灵魂是由相反者双方构成；认为本原是相反者中的某一方的人，如热，或者冷，或其他诸如此类的事物，同样也认为灵魂是相反者中的某一方。所以他们也求助于辞源学，那些把灵魂和热等同起来的人认为“生命”一词是从“沸腾”[③] 一词变化而来，那些把灵魂和冷等同起

① 指恩培多克勒。

② 指阿那克萨戈拉。

③ “生命”和“沸腾”两个词分别是 zeen 和 zein。

来的人则认为"灵魂"这个词的写法和与呼吸相关的"冷却"① 一词的写法相近。这些就是过去人们有关灵魂的观点以及用来说明它们的理由。

【3】 我们必须首先来研究有关运动的问题；这也许并不是没有道理的，即灵魂的本质正如那些人所描述的，灵 406a
魂能运动或自身生成运动；但是把运动看作是灵魂的特点则是完全不可能的。我们以前说过，能够产生运动的东西并不一定自身运动。所有的运动是在两种意义上说的（或由于他物或由于自身，所谓由于他物的运动我们是说，事物的运动是由于处在某一运动着的事物之中，如船上的乘客；因为他们运动和船的运动并不是在同一个意义上说的；船的运动是由于自身，而人的运动则只是因为处在运动着的事物中。我们来看看身体各部分的运动就会更清楚；腿的运动是行走，它是人的运动，而船上的乘客并没有展示这类运动），所以说运动具有两种不同的意义，我们现在要研究的是，灵魂是否具有由于自身的运动以及分有运动。

运动有四种，位置的变化，状态的改变，消灭和生成。灵魂的运动或者是其中之一，或者是其中的几种，或者是其全部。如果灵魂的运动不是由于偶性，那么它一定是自身即具有运动，如果是这样，它就会在某个地方；因为所说到的

① "灵魂"和"冷却"两个词分别为 psukhee 和 katapsuksis。

所有运动都存在于某个地方。如果灵魂的本质是自身运动，那么灵魂就不会是在偶性的意义上具有运动；如白或三肘长就是偶性；因为这些事物易于被运动，但它们是在偶性的意义上，而且这仅仅是因为它们所属于的身体被运动。因此它们并不存在于某个位置上。如果灵魂在本性上即分有运动的话，就应当有空间位置。

而且如果灵魂的运动是出自本性，那么它也能够凭借外力而运动；如果它能凭借外力而运动，它也能在本性上运动。相对于静止也同样如此；因为在本性上被运动的东西同时在本性上也能静止；同样，由于外力而运动的事物同时也能凭借外力而静止。但是关于灵魂的这种被迫的运动和被迫的静止，即使我们绞尽脑汁也难解释清楚。而且如果灵魂是向上运动，它就会是火，如果向下运动，那就会是土；因为这两种运动正是属于这两种物体，同样的定义也可以应用到中间运动[1]。

既然灵魂使物体运动是显而易见的，那么就有理由认为灵魂将它自身所具有的同样的运动传递给了肉体；如果是这
406b 样的话，那么反过来说灵魂有同肉体一样的运动也是正确的。肉体的运动是一种位置变化，那么灵魂也应当用和肉体同样的方式改变着位置，或者是整个改变，或者是部分改变。如果这是可能的，那么灵魂就有可能离开一个肉体再进入另

---

① 即指在向上和向下之间的运动。

一个肉体；这样就会得出已死的动物还可能再次复活的结论。

偶性的运动可能是由其他事物的运动所引起，生物可能会由于外力而被推动。作为在灵魂的本性中即具有自身运动的东西，不应该会被任何别的东西所推动，除非是由于偶然。正如自身为善或由于自身而为善的事物不会因为他物或由于别的目的而成为善的。如果灵魂是被推动的，那么它最可能的是被感觉对象所推动。

而且，如果灵魂是自身运动，那么它自身也会被推动，这样，如果所有的运动都是被运动的东西作为被运动东西的一种位移的话，那么灵魂就一定背离它的本性；如果灵魂自身的运动并不是由于偶性，那么运动就会是出自于它自身的本性。

有人说，灵魂推动着肉体正如它自身被推动一样，例如德谟克里特，他的话和喜剧作家菲力普的口气十分相似，他说，代达罗斯①通过灌注水银而使木制的阿芙洛狄忒②活动起来。德谟克里特也说过相同口气的话，他说，球形的原子拖拽着整个物体运动，原子运动是因为它们的本性即是永无静止。我们将要询问，这同样的原子是否也能生成静止呢？

① 代达罗斯（Daedalus），希腊传说中的建筑师和艺术家，相传为细木工技艺、刨子、吊线和胶水的发明者。

② 阿芙洛狄忒（Aphroditee），希腊神话中宙斯与大海神女之一的狄俄涅之女，爱与美的女神，因生成于 aphros（海上泡沫）而得名。

它们又怎么能够这样呢？所以很难这样说，甚至不可能这样说。总的说来生物似乎并不是由灵魂来推动，而是由于某种意志和心灵。

同样，柏拉图在《蒂迈欧》中也对灵魂推动肉体的问题作了一个自然式的说明；他认为，由于灵魂和肉体具有内在的相互联系，所以灵魂通过自身的运动而使肉体运动；造物主首先用全部元素来塑造它，并根据和谐的数目对它加以分割，以使其对和谐具有内在的感觉，而且宇宙万物都是伴随着和谐的运动而运动；然后他将直线弯曲成圆形，把圆分割
407a 成两部分，这样就会有两个交点，然后再将其中的一部分分为七段。这样柏拉图就把灵魂的运动和天体的空间变化等同起来了。

首先，说灵魂具有广延是不正确的；因为他所说的“万物之灵魂”很显然是指某种类似所谓心灵的东西；它既不同于感觉能力，也不同于欲望能力；因为它的运动并不是循环的。但是心灵是单一的连续的，如同思维一样；思维包含了多个思想，但思想的结合则是连续的，正如数目的结合一样。相反，广延的联结并不是连续的。除非心灵或者没有部分，或者作为广延是不连续的，否则心灵在这种意义上也是不连续的。如果理智有广延，那它又如何思维呢？它又如何用它的任何一个毫不相关的部分来思想呢？这些部分要么被看作是广延，要么被看作是点，如果可以把点也叫做部分的话。如果是点，它们就会是无限的，那么很显然心灵就不能

穷尽它们，如果是广延，心灵就会多次或无数次思维同一思想。但是心灵显然也能在仅有的一次思维某一思想。其次，如果它满足于和它的任何一个部分接触的话，它为什么要做圆周运动呢？抑或为什么要有广延呢？但如果心灵必须和整个圆周相接触时才能思维，那么它的各部分的接触又意味着什么呢？再次，它如何用没有部分的东西去思维有部分的东西，或用有部分的东西去思维没有部分的东西呢？心灵必须和这个圆是同一的；因为心灵的运动是思维，圆的运动是循环。如果思维也是循环，其循环属于这一类的圆必然是心灵，那么理智总是在思维着的东西又是什么呢？因为如果这种循环是永恒不息的，就一定会存在这种东西。所有现实的思想都是有限的（因为它总是在思考某一对象），思辨也是有所限制的，就像用来表达它的语句一样。所有的语句或是定义，或是论证。论证不仅要有一个出发点，还要有一个结尾，即推论结果或结论。即使没有得出结论，也不必再回到出发点，而是依靠增加的中词一直向前推。但循环一定会再退回到它的出发点。所有定义都是有限的。另外，如果同一循环多次重复，心灵也一定会多次思维同一对象。再次，与其说心灵像运动，还不如说它更像静止或踌躇不前的状态。对于演绎推理也是如此。再次，自身难以运动而又被迫运动的事物是不会幸福的；如果灵魂的运动是非本质的，它将会 407b 以不自然的方式被推动。再次，灵魂与肉体无法逃避的联系将会是令人厌恶的；如果就像时常所说的并且被广泛接受的观点那样，灵魂脱离肉体更好，那么这种观点便会被摈弃。最后，天体做圆周运动的原因并不清楚；因为灵魂的本质并不是圆周运动的原因——它只是偶然地作这种运动；肉体也不是原因；相反灵魂是引起肉体运动的原因。没有任何迹象说明这种圆周运动更好；然而，因为这个原因神确实应当让灵魂做圆周运动，而且这种运动也因此而比静止好，同时也比其他运动要好。但是，更确切地说，这种探索属于其他的研究范围，所以我们现在就撇开这个话题吧。

但无论是在这个论证中还是在大多数有关灵魂的论证中，都存在着一种荒谬的观点；人们把灵魂和肉体联系起来，并把它放进肉体里，但不去说明这是由于什么原因，以及肉体是如何受到制约的；然而这看起来又是十分必要的。因为正是通过这种联系，一个作用，另一个被作用，一个运动，另一个被运动；这种相互关系并不是在一个任意的联合体中发生的。但是，这些思想家们只想解释灵魂的本质是什么，而对于接受灵魂的肉体却只字未提；甚至这也是可能的：任何灵魂都可以随意进入任一肉体，如毕达戈拉斯学派所编造的故事那样；这简直是荒唐可笑的。因为任何肉体显然都有着它自身独特的形状或形式。这种说法就好像说木工技术也可以使它自身在长笛中得到体现；每一行业的手艺人都必须有他们各自的工具，每一灵魂也都具有并使用自己特有的躯体。

【4】 关于灵魂还存在着另一种说法，很多人都认为这是流行的说法中最可信的一种，而且它已经得到公众意见的赞许。他们把灵魂说成是某种和谐；因为和谐是各相反者的混合，而且肉体是由相反者混合而成的。

但是，首先，和谐是一种确定的比例或混杂成分的混合，而灵魂两者都不是。其次，和谐并不能引起运动，然 408b 而，几乎所有的人都认为这是灵魂最基本的特征。再次，把和谐与健康联系起来或和身体好的状况相联系，要比把和谐与灵魂联系起来更为合适，如果有人把灵魂的属性和功能归属到某种和谐上，这就会变得十分明显，因为人们难以使它们相互吻合。再次，和谐是在两种意义上被述说的，最严格的意义是在广延上指那些具有运动和位置的事物的紧密结合，它们结合得如此紧密以至于任何同质的东西也不可能插入进来；在引申的意义上是指各种构成成分相混合的比例。

以上关于灵魂意义的说法没有一种是有道理的。认为灵魂是肉体各部分的结合的观点也不值一驳，因为这样就会有许多结合的部分和多种被混合的东西。哪一部分是结合的呢，是心灵，还是感觉能力抑或欲望能力呢？又怎样来实现这种结合呢？认为灵魂是混合物的比例也一样是荒唐的。因为那些产生肌肉的混合元素与那些产生骨头的混合元素，其比率是不同的，这将得出，有多个灵魂布遍了整个肉体，因为它的所有部分都是由这种元素混合而成的，每一种混合物的比率都是和谐和灵魂。有人也许会对恩培多克勒提出这样的问题，因为他说过，肉体的每一个部分，其特有本质都是由于其混合物的比率，既然如此，那么这种比率是不是灵魂呢？或者这种灵魂会不会是某种在各部分中生长起来的别的东西呢？再有，他的“友爱”是任意混合物的原因呢，还是按照比率的混合物的原因？“友爱”是这种比率呢，还是某种不同于这种比率的其他东西？这些问题乃是这些说法所面临的难题；如果灵魂不同于混合物，那它为什么会和构成肌肉的东西以及生物的其他部分同时被毁灭呢？此外，如果每一个部分都没有灵魂的话，如果灵魂并不是混合物的比率，那么在灵魂离开肉体之后，那消失了的东西又是什么呢？

根据我们所说的，灵魂显然不是和谐，也不可能做圆周运动。但如前所述，它可能偶然被运动，甚至也能自身运动，例如灵魂存在于其中的东西被运动，而这物体则被灵魂所运动；但灵魂不可能作位置移动。

以下意见对灵魂运动说提出了更为合理的批评。我们
408b
说，灵魂有悲哀、喜悦、勇敢、恐惧，而且还能产生忿怒、感觉和思维，这一切似乎都是运动。所以有人也许会认为灵魂被运动；但这个结论并不是必然推出的。我们先姑且承认悲哀、喜悦以及思维都是运动，而且每一个都被运动，接下来我们进一步承认被运动是由灵魂所引起，例如忿怒、恐惧是心脏的特殊运动，而思维是这种或其他器官的运动（这些运动或是由于某些部分的位置变化，或是由于性质的改变，

至于部分的特殊本性和变化的特殊方式现在则没有必要加以考虑)。然而，说灵魂在忿怒正如说灵魂在编织罗网或建筑房子一样荒唐可笑。也许这样说更为恰当，并非灵魂怜悯或学习或思维，而毋宁说人们在做这些时要仰仗于灵魂。运动并非发生在灵魂中，但有时会直达灵魂，有时又是从灵魂出发。例如，感觉就是从个别对象出发并抵达灵魂，回忆则是从灵魂出发而延伸到运动或感官上的那些不动的点。

但心灵或理智似乎是生成于我们之中的独立实体，而且是不灭的。如果它会消亡最大的可能便是由于年老虚弱，事实上，感官也发生着同样的事情；如果一位老人重新获得明亮的眼睛，他也会同青年人的视力一样好。所以老年人的无能并不是由于灵魂的影响，而是由于受到灵魂所依存的事物的影响，正如在醉酒和疾病时的情况一样。所以思维和思辨能力的衰微乃是因为内部某些别的东西腐败了，而它自身并没有受到影响。思维、爱、恨并不是心灵的表现，而是拥有心灵的个别事物的表现，一旦这事物消亡了，记忆和爱也就不复存在了；因为它们并不属于心灵，而是属于整个已经消亡了的事物。心灵无疑是某种更为神圣的事物，而且它不会承受作用。由此可见，灵魂不可能被运动；如果它根本不能被运动，它显然也不会被它自身所推动。

最为荒谬的是声称灵魂是自身运动的数，这一理论包含
着内在的不可能性，首先它把灵魂看作是被运动的，其次， 409a
特别不可能的是把灵魂称为数；因为，首先，人们怎样去思

维运动着的一呢？是什么导致它运动呢？运动又如何被归附到没有部分没有差别性的东西上去呢？如果一既运动又被运动，那它就应当存在差别。其次，既然他们说运动着的线生成面，运动着的点生成线，那么一的运动就一定是线，因为点不过是有位置的一；照此灵魂的数就会在某处并且有位置。再次，如果有人从一个数里减去某个数或一，还会剩下另一个数。而植物和许多动物能够在被切断后继续生存，这些残体似乎仍具有和以前一样的灵魂。说一或说微小的物体似乎没有什么不同；因为如果德谟克里特的球形原子变成了点，而且除了它们量的性质外别无所有，那么在它们每一个中都将存在着运动物和被运动物，正如在连续性事物中的情况一样。因为我们已提到过的东西与原子的大小没有任何关系，而只是因为它们具有数量的特性。所以，一定存在着将运动给予一的某物。如果在动物中产生运动的是灵魂，那么它也是相对于数目是这样，所以，灵魂不可能既是生成运动的东西又是被运动的东西，而只是生成运动的东西。但这又怎么可能是一呢？这样的一必定在本性上不同于其他一。那么作为点的一和另外的一除了位置的差别外又能显示出什么不同来呢？如果内在于肉体的心灵的一与肉体的点不同，一与点将都处于同样位置，因为它们都占据着点的位置。如果两个一能处于同一位置，为什么就不能存在一个无限数呢？因为占据一个不可分割位置的东西，自身也是不可分割的。但是，如果肉体的点与灵魂数目的那些一是同一的，或者说，如果肉体点的数目是灵魂，那为什么并非所有肉体都有灵魂呢？因为在它们所有之中似乎存在着无数的点。再者，如果线不能被分割成点的话，这些点又怎么可能游离于肉体之外并使它们和肉体分离呢？

【5】　事实上，正如我们所说，这一说法和把灵魂看作是精细物体的观点是一致的，正如德谟克里特所说的肉体是 409b 由灵魂所推动，都是极其荒谬的。因为如果灵魂存在于所有有感觉能力的肉体之中，那就一定会在同一处存在着两个肉体，如果灵魂便是肉体的话。说灵魂是数目的那些人一定会相信，在一个点上存在着多个点，或者所有肉体都有灵魂，除非灵魂是一种和依存于肉体的点完全不同的其他的数目。我们还可以由此推出另一个结论，动物是由数目所推动，正如我们已说过的，德谟克里特也是这样说明动物运动的，因为无论是我们把它们叫做小球体，还是叫做大的一，抑或是一般的运动的一，那又有什么不同呢？因为无论在哪一种情况下，我们都只能用这些微粒的运动来说明动物的运动。

把运动和数目结合起来的观点存在着这些困难和许多别的困难。因为这种结合不仅不是灵魂的定义，而且也不可能是灵魂的属性。如果他试图对这种理论从灵魂的属性和功能上进行解释，这就会显得很清楚，诸如计算、感觉、快乐、痛苦以及其他属性；如前所说，要在这两方面假设某种解释并不是很容易的。

这就是以前人们定义灵魂的三种方法。有些人认为灵魂是最具有运动特性的，因为它能够自身运动；另外的人则认为灵魂是最精细的物体，或者说是最没有物质性的东西。我们已经详尽地列举了这两种定义所面临的难题和矛盾。现在剩下要做的是考察这种说法是什么意思，即灵魂是由元素构成的。这一说法是想说明灵魂为什么能感觉并且能认识所存在的一切事物，但这种说法必然包含了多种不可能性。他们假定，同只能通过同来认识，似乎他们要把灵魂和灵魂所认识的事物等同起来；但是这些元素并不是唯一的，还存在着许多其他事物，更确切地说，存在着无数由元素构成的事物。即使灵魂能认识并感觉到一切事物所由以构成的元素，然而，
410a 灵魂是依靠什么来感觉并认识整个组合物的呢？例如，神、人、肌肉、骨骼是什么呢？对于其他的整个复合物也是如此；因为这样的整体并不是由单纯的元素所构成，而是按照一定比率结合而成，正如恩培多克勒谈论骨头时所说的那样：

在宽阔环抱的空谷中温和的土得到了八分之二
的清净的水和四份火，于是白色的骨头就生成了。

认为元素存在于灵魂之中也是无用的，除非元素的比率和结合原则也存在于灵魂之中；因为每一种元素都认识它的同类，但是在灵魂中绝没有什么东西能认识骨骼或人，除非骨骼和人也存在于灵魂之中。我们毫无必要去说这是不可能的。因为又有谁会去询问灵魂中是否存在着石头和人呢？同

样的论证也可以应用于善和非善。相对其他事物也是如此。

再者,“存在”一词有多种意义(它可以表示实体①、数量、性质,或我们曾作过区分的其他一些范畴)。那么灵魂是不是由它们全部来构成的呢?这些范畴似乎不可能有共同的元素,那么灵魂是不是仅仅由那些构成实体的元素构成呢?那它又如何去认识其他范畴呢?他们是不是坚持认为,所有的种都具有独特的元素和本原,而且灵魂是由它们结合而成的呢?这样灵魂就将是数量、性质,以及实体。但是由数量元素所构成的事物不可能只是实体而非数量。那些说灵魂是由所有这些元素构成的人面临着这样的和其他类似的难题。这些说法都是毫无道理的,即,一方面说同不能被同所作用,另一方面又说,通过同而感觉同,通过同而认识同。但是他们认为感觉是被作用和被运动,而且对于思维和认识也是如此。

这种言论还有许多晦暗不明之处和疑难,如恩培多克勒,他认为每一种事物只能通过其物质元素才能被认识,而且只与相同的事物有关,这个新论证提供了进一步的证据,因为在所有动物的躯体中,那些由土简单构成的部分,诸如骨骼、筋、肉、头发,似乎根本就没有感觉,所以就不可能感觉到它们的相同物;可他们就是这么认为的。再有,在每一本原中,更多的将是无知而非理解;因为每一个都知道一事物,而对多数却是一无所知,按照恩培多克勒的观点,至

① to tode ti,意即“这个”,指某一事物。

少可以推出，神必定是最无知的；因为有一种元素他不知道，即“斗争”；而有死的生物则知道所有一切；因为一切个别物都是由全部元素构成的。总之，是什么原因不让所有存在物都有灵魂呢？既然所有事物都是某一元素，或者是由一种元素、或者由多种元素、或者由全部元素结合而成，它们每一种都必然知道某一事物或一些事物或全部事物。有人可能要问，将元素和灵魂联结起来的东西是什么呢？因为元素是与质料符合一致的，无论把元素联结起来的力量是什么，它都会是至高无上的；但是不可能任何东西都先于并且制约着灵魂，对于理智则更不可能；因为理智本性上就是最原初的而且具有支配力量，这种看法是有道理的。但他们说，元素是一切存在物中最先的东西。

所有认为灵魂是由元素结合而成的人（因为元素能认识和感觉存在物），和所有声称灵魂是最能运动的事物的人，都无法对所有灵魂进行说明。因为并非所有有感觉的事物都能运动，例如有些生物显然在空间位置上是不动的，然而，这又似乎是灵魂能给予生物的唯一运动。那些认为心灵和感觉能力是由元素构成的人也面临着同样的困境；因为植物显然没有位移和感觉而拥有生命，而且许多动物都没有思维能力。但是，即使我们对这种观点置之不理，假定心灵就是灵魂的部分，而相对于感觉能力也一样，他们也仍然无法对所有灵魂、或一个灵魂的整体作出恰当的说明。在奥菲斯诗歌中所表达的观点也面临着同样的困境；因为这种理论宣称，灵魂为风所生，当动物呼吸时，灵魂便从宇宙进入到动物体内。这对于植物来说是根本不可能的，对于有些动物也是不可能的，因为它们根本不呼吸；这一点却没有被那些支持这 411a 一说法的人所注意到。如果我们要用元素来构造灵魂，并没有必要用所有元素；在一对相反者中的一方就足以使它认识元素自身和它的相反者。通过直线我们既可以认识直线自身，也可以认识曲线。木匠的曲尺可以对两者进行检验。但是曲线却无法帮助我们认识它自身和直线。有些人认为，灵魂弥漫于整个宇宙，由此我们可以看看泰勒士的观点，他认为，宇宙万物都充满了神。但这种说法有一些困难；因为当灵魂在气中或在火中时，它为什么不变成一个动物呢？而只是在它进入元素的混合物中时才这样呢？虽然在前一种情况下灵魂似乎存在于更纯净的形式之中。有人可能还会问，为什么在气中的灵魂要比在生物体中的灵魂更纯净更永久呢？无论是哪一种情况，其结论都是荒谬的、不合理的；因为把火或气描绘成生物乃是极为不合理的，然而，如果在火和气中存在着灵魂，而又不把它们叫做生物，那也是荒谬的。认为元素之中有灵魂的观点似乎源于这样一种观点，即整体必须与其部分是同类的；如果动物有灵魂是因为周围的气被隔断并被关在动物体内，那他们就不得不说，灵魂也是与其部分同类的。如果被吸入的气是同类的，而灵魂不同类，很显然，虽然灵魂的某部分将存在于这气之中，但另一部分并不存在于其中。所以，灵魂或者是同样的一些部分，或者灵魂并不存在于宇宙的任何部分之中。

由此可见，认识能力并不属于灵魂，因为它是由元素结合而成。说灵魂被运动既不正确也不实在。但是，既然认识、感觉、意见，以及欲求、愿望和一般的欲念，是属于灵魂，还有，既然动物的位移、生长、成熟、衰老都是由灵魂产生，那么我们一定要问，它们各自是否在整体上属于灵魂
411b 呢？即，是否仰仗着整个灵魂，我们才思想、感觉、并对其他所有事物作用或被作用呢？它们是否属于不同的部分呢？相对于生命也是如此；它是依赖于灵魂的某一部分，还是依赖于多个部分或全部呢？或者还是具有某种完全不同的原因呢？有些人说，灵魂有部分，某一部分进行思维，某一部分产生欲望，如果是这样，如果灵魂生来就是由部分所构成，那么把它们结合起来的东西又是什么呢？当然不可能是肉体；相反，似乎更应当是灵魂将肉体结合在一起的，无论如何，只要灵魂一旦完结，肉体就会在空气中消散并腐败。如果是别的什么使得灵魂联结在一起，这只可能是灵魂。但我们还必须进一步询问，它是单一的还是有着多个部分呢？如果它是单一的，那为什么不直接说灵魂是单一呢？如果它有部分，论证仍然要求我们知道结合原则是什么，这样我们就会导致无穷后退。关于灵魂的部分可能还存在着某些令人疑惑不解的地方，如肉体中某一部分的功能是什么？因为如果整个灵魂将肉体整个地结合在一起，很自然地就会推出，它是由灵魂的每一个部分将肉体的每一部分结合在一起。但这

似乎是不可能的；因为心灵将什么部分结合在一起，或者如何结合，这都是难以想象的事情。而且，植物在被分割成段后显然仍然活着，有些昆虫也是这样，这意味着在每一段残体里都有着一个在种上相同的灵魂，虽然在数目上并不相同；因为每一段残体在一定时间里都有感觉并能进行位移，即使它们不能这样做也毫无奇怪之处；因为它们没有必要的器官来维护它们的自然状态。但是，灵魂的所有部分仍然存在于每一段残体中，而且这些灵魂在相互间以及和整体都是同类的；这就意味着，虽然灵魂的各部分无法相互分离，但整体的灵魂可以被分割。植物的本原似乎也是某种灵魂，因为这种本原对于动物和植物都是共同的。它能够不依赖于感觉本原而存在，而任何东西却不能没有它而具有感觉。

第 二 卷

412a 【1】 我们已经讲述了前辈关于灵魂的各种观点；现在，我们就仿佛才开始一样，来重新定义灵魂是什么，并弄清关于灵魂的最为公认的定义。在多种存在的东西中，我们把某一种叫做实体；实体首先作为质料，它自身并非“这个”；其次是作为形式或形状，由于它事物才被称为“这个”；其三是前两者的结合。质料是潜能，形式是现实[1]。“现实”这个词有两层意义，其一类似知识，其二类似思辨。物体似乎比其他事物更应当是实体，特别是自然物体；因为它是一切其他事物的本原。在自然物体中，有些有生命，有些则没有生命。所谓生命，乃是指自己摄取营养、有生灭变化的能力。所有有生命的自然躯体都是实体，这样的实体必然是由组合而成。它是这样一种躯体，即具有生命的躯体，但躯体并不是灵魂。躯体并不隶属于某个主体，它自身即是

[1] dunamis 与 entelekheia，前者是潜在的能力或可能性，即潜能，后者由 en（在于）和 telos（完成、目的）两词合成，意即目的完全达到了，故曰现实，也有人将其音译为“隐德来希”。

主体和质料。所以，灵魂，作为潜在地具有生命的自然躯体的形式，必然是实体，这种实体就是现实。灵魂就是这一类躯体的现实。现实有两层意义，其一类似于知识，其二类似于思辨。在这里，类似于知识这层意义十分显明；因为灵魂的存在乃是睡眠和觉醒的前提，觉醒有如思辨，而睡眠则如同具有知识而不运用。对于同一个人来说总是先拥有知识。所以，灵魂就是潜在具有生命的自然躯体的第一现实；而且，这样的躯体具有器官。（植物的各个部分虽然十分简单， 412b
但也具有自己的器官，如叶片保护果皮，果皮保护果实，植物的根有如嘴，因为根和嘴的用处都是摄取营养。）如果必须要说出灵魂所共同的东西，那就是拥有器官的自然躯体的第一现实。所以，没有必要去追究躯体和灵魂是不是一，正如没有必要去追究蜡块和蜡块上的烙印是不是一以及个别事物的质料和以它为质料的个别事物是否同一那样。“一”和“存在”有许多意义，但主要的是指现实。

我们已经对灵魂是什么作了一般性的说明：灵魂是在原理意义上的实体，它是这样的躯体的所以是的是的本质。设若在各种器械之中有一自然物体，如斧头，那么斧头的实体就是使斧头成为斧头的那种东西，这就是斧头的灵魂；如若没有了它，它就将不再是一把斧头，而只不过是名称上相同罢了。当然，斧头即使没有灵魂也仍然是斧头；因为这一类物体并不以灵魂作为其实体或原理，只有在自身内具有动静本原的自然躯体才有灵魂。我们还必须研究有关躯体的各个部分。如若眼睛是生物，那么视觉就是它的灵魂，因为视觉就是眼睛在定义意义上的实体。眼睛是视觉的质料，如果视力消失了，那么眼睛也就不复存在了，除非是在名称上相同的眼睛，如雕像和图画上的眼睛。现在，我们必须将有关部分的观点应用到生物的整个躯体上来。因为整个感觉对整个有感觉的躯体和作为有感觉的躯体的关系，类似于部分和部分的关系。潜在地作为生命而存在的东西不可能没有灵魂，而是具有灵魂的；种子、果实便是这种潜在的躯体。觉醒是现实，正如砍和看一样。灵魂是现实，正如视觉和器械的作用一样。躯体是潜在的存在。但是，正如眼睛既包括瞳孔也包括视力一样，生物既包括灵魂也包括躯体。由此可见，灵魂和躯体是不能分离的。如果灵魂具有部分，那么灵魂的部分也是不能和躯体分离的。因为它们中有一些部分的现实不过是它们躯体部分的现实而已。有一些部分也许能够分离存在，因为它们根本就不是躯体的现实。而且，灵魂作为躯体的现实和舵手作为船舶的现实是否意义相同，还不十分清楚。关于灵魂的概述就到此为止。

【2】 清晰的、或在道理上更易于知晓的东西，总是从不清晰的但更显而易见的事实中产生出来。我们必须从这里来重新考察有关灵魂的问题。一个定义不仅应当对事物加以说明，就像大多数定义那样，而且还应当包括和指明原因。现在我们定义中的说明，就好像作结论一样，例如，什么是

正方形？正方形是四条边相等的矩形。这样的定义仅仅只是一种结论。但是如若有人指出，使长方形成为正方形的关键就在于发现一个比例中项，这样他就说明了事物的原因。

我们再回到研究的出发点，把生命作为有灵魂的东西和无灵魂的东西的区别所在。生命这个词可以在多种意义上被述说，只要以下任何条件存在，我们就可以说一事物有生命，如理智、感觉、位置上的运动和静止，或者摄取营养的运动以及生成与灭亡等等。所以，一切植物也似乎有生命；因为在它们自身之内显然具有某种能力和本原，因此植物既生长，又死亡，表现了相反方向；它们并非只是向上生长而不向下，而是在两个相反方向上，在所有方面都均等，只要它们能够得到食物，就能吸收营养继续生存。相对于有生灭的东西而言，这种摄取营养的能力可以不依赖其他能力而存在，其他能力则不能脱离摄取营养的能力而存在。对于植物来说，这一点十分明显，因为它们没有灵魂的其他能力。 413b

正是由于这种摄取营养的本原，一切生物才有生命，但对动物来说，首要的是感觉；一种东西虽然可能不运动或不能变换位置，但如果有感觉，我们就说它是动物，而不能仅仅说它是活的。一切动物都具备的基本感觉是触觉；正如摄取营养的能力可以脱离触觉和其他感觉而存在一样，触觉也能脱离其他感觉而存在。营养能力，我是指植物分有的那部分灵魂；一切动物显然都拥有触觉。这两者各自为什么会这样，我们将在后面加以解释。

目前，我们只满足于说明，灵魂是我们已说过的那些能力的本原，并且由它们来定义，即由营养能力、感觉能力、思维能力以及运动能力来定义。接下来的问题是，这每一种能力都是一种灵魂，抑或是灵魂的一个部分呢？如果是灵魂的一部分，那么它是仅仅在定义上能分离呢，还是在位置上能分离呢？就这些功能的某一些来说，问题的回答并不困难，但对于其他一切功能来说，将会陷入困境。因为相对于植物来说，即使有些部分被相互分割，也显然能够生存，虽然每种植物在现实上，其灵魂是单一的，但潜在地却是众多。所以，我们可以看到，在其他的灵魂中也有同样的变化发生，如被分割成段的昆虫，每一段仍能感觉并能进行位移。如果存在感觉，那就一定会存在想象和欲望，因为有感觉的事物就会有痛苦和快乐；有痛苦和快乐的事物就一定会有欲望。但是，对理智和思辨能力我们还一无所知，它似乎是另一类不同的灵魂，其区别有如永恒事物之于生灭事物，只有它是可分离的。正如人们所说，灵魂的一切其他部分显然都是不能分离的。它们在定义上显然互不相同。感觉能力和形成意见的能力有区别，正如感觉和意见之间的区别一样。我们所说过的其他一切能力也莫不如此。有些动物拥有全部能力，有些动物则只有部分能力，有的甚至仅有某一种
414a 能力。正是这个造成了动物的区别。以后我们还要考察这其中的原因。相对于感觉也完全一样；有些动物拥有所有感觉，有些动物拥有几种感觉，有些动物则仅有最必需的一种

感觉，即触觉。

我们靠什么生活和感觉，这句话有两个方面，正如“我们依靠什么进行认识”有两个方面一样。（我们说的两个方面，一是知识，二是灵魂，因为依靠这两者之一我们就可以得到认识。）同样，我们仰仗什么来获得健康，也有两个方面，其一是健康，其二是整个身体或身体的某些部分。其中，知识和健康属于形状和形式或定义，仿佛接受者的实现[1]活动，认识的和健康的实现过程（具有创制效应的实现活动似乎就寓于安排和作用的承受者之中）。灵魂在最首要的意义上乃是我们赖以生存、赖以感觉和思维的东西，所以，灵魂是定义或形式，而非质料或载体。我们已经说过，实体有三种意义，形式、质料以及这两者的组合。其中质料是潜能，形式是现实。由于两者的结合物是有生命的东西，所以躯体并不是灵魂的现实，相反，灵魂是某种躯体的现实。因为这个道理，那些认为灵魂不能脱离躯体的人是对的，但灵魂自身绝对不是躯体。它不是躯体，而只是依存于躯体，因此灵魂寓于躯体之中，存在于某一个别躯体之中；而不像前人所说的那样，把灵魂硬塞进任一躯体之中，而不论是什么东西的躯体或什么性质的躯体。像这样巧中碰巧的事情是无法弄清其原委的。

① energeia，由 en（在于）和 ergon（经努力而得到成果）两词组合派生，指潜在能力的实现活动或过程。

我们的解释是有道理的；任何个体的现实都自然地存在于它的潜能之中，即存在于自己固有的质料之中。由此可见，灵魂显然是一种现实，是具有这种潜能的东西的原理。

【3】 如我们所说，有些生物具有我们所说的灵魂的一切能力，有些只有其中某几种，还有些则仅具有某一种。我们已提到过的能力有营养、欲望、感觉、位移以及思维。植物仅有营养能力，而其他的生物还具有感觉能力。如果它们具有感觉能力，那么也就具有欲望能力，因为欲望包括企求、期待和愿望。任何动物至少拥有一种感觉，即触觉；任何有感觉的东西都知道苦乐，知道什么是痛苦，什么是快乐，而任何知道苦乐的东西都会有所企求，因为欲望就是对快乐的企求。动物还具有对食物的感觉，触觉便是对食物的感觉。一切动物都是从干和湿、热和冷的物品中获得营养，触觉是对这种物品的感觉。其他的感觉都属于偶性，无论是声音、颜色还是气味都无助于营养；在所有这一切中，唯有口味能为触觉所感知。饥和渴是企求，饥饿是对于干和热的企求，干和渴是对于冷和湿的企求。口味是这些东西的一种调料。我们说过，拥有触觉的动物同时拥有欲望，就目前的问题来说，论述到这里也就足够了。但对于这些观点，我们在后面还必须要加以阐明。而且，它们是否具有想象，尚不清楚，对此，我们在后面也必须要加以考察。有些动物除了这些能力之外，还有进行位置运动的能力，另一些具有理

智，如人。也许还有其他类的东西甚至比人更高贵。

显然，灵魂一定存在着某种单一的定义，就像直线图形一样，直线图形除了三角形以及从直线中发展而来的图形（如四边形、五边形等）外，就没有别的图形了，同样，除了我们所提到的那些灵魂外，不存在任何其他灵魂。我们可以形成一个有关图形的共同定义，这一定义适用于一切图形，但它并非任何特殊的图形，对于我们所提到的灵魂的情况也是这样。所以在任何情况下，想找到一个共同的定义都是徒劳的，这样的定义既不表示特殊的存在物，也不涉及自己的不可分割的属，而是把对事物特殊性的定义抛在一边。

与图形有关的事物和与灵魂相关的事物相类似。无论是图形还是生物，每一后继者都潜在地包含了先在的东西，如正方形包含了三角形，感觉能力包含了营养能力。所以，必须就每一事物加以询问，每一事物的灵魂是什么？如植物的灵魂是什么？人或野兽的灵魂是什么？我们还必须考察它们按顺序排列的原因是什么，如果没有营养能力，那么感觉能力就不复存在了，在植物中，营养能力可以和感觉能力相分离；此外，如果没有触觉，其他感觉就不可能存在，但是如果没有其他感觉，触觉却仍可以存在。有许多动物既无视觉也无听觉，甚至根本不具备嗅觉，有些有感觉的动物有位移的能力，有些则没有。最后，极少的生物具有推理和思维能力。在那些有生灭的事物中，有一些有推理能力，同时也具有其他全部能力，而还有一些虽然具备各种其他能力，但并不都具有推理能力。有些甚至连想象能力也没有，而有些则正是依靠这种能力而生存。对于思辨的论述还须另作说明。很显然，对于灵魂的每一种能力的说明，同时也就是对灵魂的最中肯的说明。

【4】 如果有人试图了解灵魂的能力，他就必须首先弄清楚每一种能力各是什么，然后研究由此派生的其他问题。如果要说明每种能力各是什么，例如，思维能力、感觉能力和营养能力，那么就必须先弄清楚思维和感觉是什么，因为现实和行为总是在定义上先于潜能。如果是这样，那么，甚至在解释这些能力之前，还应当首先思考到与这些能力有关的对象，根据同样的道理，他必须首先对那些对象加以规定，如对食物的规定，对感觉对象和思想对象的规定，所以，我们首先要说的是食物和生殖；因为营养灵魂寓于一切其他能力之中，它是灵魂最初的，最为共同所有的能力，一切生物靠了它而具有生命。营养能力就在于摄取食物和生殖，假如生物是完满无残缺的，而且其生长不是自动的，那么它们就会产生出另一和它们自身同样的生物来，从动物生
415b 出动物，从植物生出植物，它们以此尽量地分享永恒和神圣，这就是所有生物所追求的目标，所有合乎自然而行动的生物都以此为目标来进行活动。“何所为”有两层意义，一是所为为什么，一是所用。但它们并不能连续地分有永恒和神圣，因为有生灭的东西都不可能在数目上保持自身同等和

单一，它们每一个只能以它们所能够的方式来分有这些，有些在较大程度上分有，有些则在较小程度上分有它们，而那延续下来的东西并不是它自身，只是类似于它自身。在数目上不是一个，但在种类上是一个。

灵魂乃是有生命躯体的原因和本原，原因和本原这两个词有多种意义，而灵魂作为躯体的原因，是用在我们已区分过的三种意义上：它是躯体运动的始点，是躯体的目的，是一切拥有灵魂的躯体的实体。首先，很显然，灵魂是作为实体意义上的原因，因为实体是一切其他事物存在的原因，对于生物来说，存在就是生命，灵魂是它们的原因和本原。而且，潜在的存在，其现实就是原理。其次，灵魂显然也是在目的意义上的原因，因为自然的活动也像有理智一样，它的一切总是为着某一目的的，自然也以此为目的，灵魂合乎自然地为生物提供了这样的目的，所有的自然躯体都是灵魂的工具。动物的躯体就是为其灵魂而存在，植物的躯体也是这样。“何所为”有两种意义，其一是所为，其二是所用。第三，灵魂也是位移的最初的始点。但这种能力并不为所有生物具有。状态的变化和数量的增加也是由于灵魂所致；因为感觉似乎就属于某种状态的变化，没有灵魂的东西是不可能有感觉的，生成和毁灭也是如此，没有营养自然事物就不可能有生成和毁灭，不具有灵魂的东西也就无所谓营养。

在这一点上恩培多克勒是错误的。他认为，植物在生长过程中，其根部向下伸展乃是由于土向下的自然趋势，其枝 416a

叶向上生长乃是由于火向上的自然运动，他对向上和向下的解释是错误的。向上、向下对于一切事物来说，不能都一样，就像对宇宙万物不一样是同样的道理。动物的头部和植物的根部是不同器官，但它们的功能却是同样的。此外，是什么东西把朝着相反方向运动的土和火结合起来的呢？如果没有某种东西加以阻止，它们就会分裂开；如果存在着这种力量，那它一定是灵魂，是营养和生长的原因。

但有的人认为，火的本性是营养和生长的总原因；因为在各种物体和元素中，只有火似乎才能自我获取营养并生长，所以有人认为，火是植物中工作着的元素。事实上，虽然在某种意义上它是一种附属的原因，但并不是不受限制的原因，因此，营养和生长的原因与其说是火，倒不如说是灵魂。我们知道，只要有某种可燃烧的东西，火的长势就是没有界限的，但所有的自然组合物都有界限，体积和生长都要合理；所以，这是由于灵魂而不是由于火，更多的是由于原理而非质料。

营养和生长是灵魂的同一功能，所以，我们必须先仔细地界说营养物；因为正是由于营养物的作用，营养能力便和其他能力区别开来。有一种流行的意见认为，相反者是相反者的营养物，当然并非在任何情况下都如此，它只是指，作为营养，相反者不仅能够相互生成，而且能够相互助长；因为有许多相反者能相互生成。但它们都不是量，如健康和疾病 相互生成。显然这些事物并非都能在同样的方面互为食料，水能供养火①，火却不能供养水。特别是简单物体，食料和被供养的东西似乎都是相反者。但这里有一个问题，有些人说，同是由同来供养，因为相同才能生长；而另外一些人，正如我们已指出过的，则坚持与之对立的观点，即相反者由相反者所供养，其理由是，同不能受同的影响，而食料在被消化的过程中总是在变化着，变化总是朝对立面变化，或向中间状态变化。再者，食料要受到被供养物的影响，而 416b
被供养物则不会受到食料的影响，正如木匠不会受到材料的影响，而材料则要受到木匠的影响；木匠只是从闲散状态开始行动而已。

“食料”是指被增加物的最后形式还是指最前的形式，那是有很大差别的。如果两者都是食料，则一种是未被消化的，另一种是被消化了的。我们可以在以上两个方面来指称食料；因为当食料没被消化时，相反者依靠相反者生存，当食料被消化时，同依靠同生存。在某种意义上说，这两种观点显然既有正确的地方也有不正确的地方。既然被喂养的东西没有不具有生命的，那么被喂养的东西必定是作为拥有灵魂而拥有灵魂的物体。所以食料并非是在偶性上与有灵魂的事物相关。但是营养和生成并不是同一回事，作为数量，拥有灵魂的事物通过食物而促进生成，作为“这个”和实体，则是通过食物而获取营养；因为只要能获取营养，它就能保

① 即当木头完全干透了时，就无法用火点燃了，故有水供养火一说。

存其实体；但这并非是生成出被营养物，而是生成出与被营养物相同的东西；因为它的实体已经存在，一事物不可能产生它自身，而只能维持其自身。所以，在有食料供应时，这类灵魂本原乃是保存作为个别物的拥有灵魂事物的能力。由于这个原因，一旦没有食料它就不能继续生存。营养因素有三种，被营养者，营养工具，营养者。营养者在首要意义上就是灵魂，被营养者是指拥有灵魂的躯体，营养工具即指食料。一切事物都应当根据其目的来命名，这样目的就会产生出和它自身相同的种，第一灵魂就会产生出和它自身相类似的东西。营养工具是一个模棱两可的用语，就像“舵手的工具”一语，既可指其手，又可指舵，所以一个既含有运动，也含有被运动，而另一个则仅仅含有运动之意。所有食料都需要消化，而产生消化的是热；所以一切有灵魂的事物都有热。关于食料是什么，现在我们作了一个简要的说明；以后我们将在专门的论文中更加详细地讨论。

【5】 我们列举了这些特点后，接下来将就其共同性来谈谈所有的感觉。我们已经指出过，感觉有赖于被运动和承受作用。因为它似乎是某种变化。有些人认为，同类被同类
417a 作用；在关于主动和被动的一般性说明中，我们已经指出，这怎样是可能的，又怎样是不可能的。这里有一个疑问，即，我们为什么感觉不到感觉自身，如果没有外部对象，为什么就不能产生感觉，虽然它包含了火、土，以及一些其他

元素，这些元素不论是就其自身还是就其偶性而言，都是具有感觉的。显然，感觉能力不作为实现活动而存在着，而只是潜在地存在着。就像燃料一样，如果没有某种东西把它点着，它自身是不会燃烧起来的；否则，即使没有现实的火种，它自身也会燃烧起来。我们说知觉有两层意思（一方面，是作为潜能的听和看，即使恰巧睡着了，也仍然有听和看的能力；另一方面，是作为实现活动的听和看），感觉一词也有两层意思，潜在的感觉和作为实现活动的感觉。感觉对象也是如此，既有在实现的对象，也有潜在的对象。

首先让我们指出，承受作用和被运动，与实现活动是同一的。因为运动就是某种未完成的实现活动，就像我们在别的地方所说的那样。一切事物都是由动作者和实现活动所推动，事物既为同类所作用，也为异类所作用，就像我们说过的那样。因为在承受作用时它是异类的，而所受的作用一旦完成它就是同类的了。

对潜能和现实也应加以区分，因为现在我们还只是笼统地说到了它们。如“有知识的”，我们可以说一个人有知识，因为这个人是有知识者中的一位；我们或者说一个人是“有知识的”，是指他具有语法知识。这两者都具有一种能力，但方式不同。其一因为他是这样的种和质料；另一是只要他愿意，他就能够进行思辨，假如没有什么意外妨碍他。还有已经现实地进行了思辨的人，则是在严格意义上具有“这个A”的知识。前两种人都是潜在地具有知识，但是，其中一种人是通过学习而转变，多次地从相反品质改变过来，而另417b一种人则从仅仅具有未实现的感觉或语法知识，改变为另一种实现活动。承受这个词也不能笼统地说，有时它指某事物被对立物所消灭，但更多地是指潜在的存在被某种同类的现实存在所保存，潜能与现实的关系就是这样；使知识的拥有成为思辨，这既不是一种变化（因为这种发展就存在于他自身或完全现实之中），也不是另一种不同的变化。因此，说思考者在思考时发生了变化是不对的，正如说建筑师在建筑时发生了变化不对一样。就理智和思考来说，从潜能的存在达到现实，不应当称作“教导”，而应当有其他名称。至于从潜能的存在开始学习，经过实现活动和教育而掌握知识，就更不应当说成是承受。就像我们所说的那样，变化有两种意义，一种变化为短缺的状态，另一种变化为具有的状态，亦即实现它的本性。感觉能力的具有，最初的变化乃是由其父本所生成，在它诞生时就具有了如同拥有知识这种意义上的感觉，实现地具有则相当于在思辨。这两者是有区别的，就感觉来说，使感觉实现的东西是外在的，如视觉对象、听觉对象，以及这一类的感觉对象。这是因为对感觉的实现是个别的，而知识的实现则是一般的。在某种意义上，一般即存在于灵魂自身之中。这就是人们只要愿意便能随时思维的原因，而感觉是不能随自己意愿的；它必须要受到感觉对象的启动。关于感性对象的知识也是如此，由于同样的原因，感觉对象是个别的、外在的。

但是，我们以后会有机会弄清这些问题。现在的问题是要说明潜能这个词并非是笼统而言；在一种意义上，我们说一个孩子是潜在的将军；在另一种意义上，我们也可以同样地说他是一个潜在的成年人。这两层意义也适用于感觉能力。由于还没有一个能表达这种差别的名称，由于我们已经 418a
说明了它们的不同，以及在何种意义上不同，所以，我们还必须继续使用“承受”和“变化”来作为主要的名称。正如我们所说，感觉能力是潜在的，就像感觉对象是在实现着一样。当它承受作用时，它和感觉对象并不相同，但这个承受完结后，两者就变得相同并具有了相同性质。

【6】 我们应当首先来说明相对于各种感觉的感觉对象。感觉对象有三类，其中两类是在本性意义上为我们所感觉，另一类则是在偶性意义上被感觉。在前两类对象中，有一类为各种感觉所特有，另一类则为全部感觉所共有。“特有的对象”这个词，我是指，它并非由任意的感官所感觉，而且也不能张冠李戴，例如，视觉与颜色，听觉与声音，味觉与口味等各自相关。触觉具有多种不同对象。每种感觉都有自己的特定范围，而且在辨别颜色和声音时不会张冠李戴，虽然在指出有颜色的东西是什么或在什么地方，以及发声的东西是什么或在什么地方时可能会产生差错。我们说这样的对象就是为某种感觉所特有。运动、静止、数目、形态、广延等则为多种感觉所共有。它们全都不是特有的，而

是共有的。有的运动就既能为触觉又能为视觉所感知。在偶性意义上被述说的感觉对象，如，白色的东西是狄亚热斯的儿子，这就是在偶性意义上的感觉对象，因为所感觉到的东西只是碰巧是白色的。所以感觉绝不会受到这类感觉对象的影响，特有的感觉对象乃是在严格的和本性意义上的对象。各种感觉的本性正好与各自的本性相配。

【7】 视觉对象是可见的。可见的东西或者是颜色，或者是可以用语言说明但实际上并没有名称的东西。在我们的研究开始后我们所说的问题就会变得非常清楚。可见的东西是颜色，颜色乃是在本性意义上的可见物，在本性意义上的可见并不是指在定义上，而是说在它自身之内即存在着可见
418b 物的原因。所有的颜色都能致使就实现而言的透明物运动，这是它自身的本性。由于这个原因，一旦没有光线，它就不可能被看见，在光线中的所有颜色都是可见的。

所以，我们必须首先说明颜色是什么。显然存在着某种透明物。“透明物”这个词，我是指可见的事物，但并不是在自身的意义上笼统的可见，而是由于某些别物的颜色成为可见。气、水以及许多其他固体物都具有这一特点。并不是作为水或作为气它们是透明的，而是由于在它们自身之中以及在太空亘古不灭的物体中都包含有某种同样的本性。光就是透明本身的实现活动。它在哪里出现，黑暗就会在哪里出现。光有如某种透明的颜色，由于火或这一类事物（如太空物

体）的作用而成为实现的透明物；因为火与光具有同样的本性。我们已经解释了透明物是什么以及光是什么，它既不是火，不是某种单纯的物体，也不是产生于物体的放射物（如果是这样它就会是某种物体），而是在透明物中火或某种同类事物的出现。因为不可能同时有两个物体存在于同一地方。有人认为光明是黑暗的相反者，黑暗是由于缺乏以上所说的这种透明体。很显然，光明就是这类事物的出现。恩培多克勒的这种看法是错误的，而许多人都附会他的这种观点，即，光在巡回着，并于某一时刻抵达大地和它外壳之间的某一空间，只是我们没有发现而已；这种观点与论证的证据和所观察到的事实都是背道而驰的。要是在一个很小的空间里会有可能逃离我们的观察，但在从东到西这样一个巨大的范围里，我们竟无法发现这些，那对我们也未免太说不过去了。能够接受颜色的东西没有颜色，能够接受声音的东西也没有声音。透明物和看不见的事物，或极难被看见的事物都是没有颜色的，如黑暗就是如此。这些都是透明的，但不是实现着的透明，而只是潜在中的透明；因为黑暗和光明具有同样的本性。但并非一切事物都可以在光线中被看见，只 419a
有个别事物的特有颜色是能够被看见的。有些事物就无法在光线中被看见，而只能在黑暗中被感觉到，如那些火光闪烁的东西（这些事物尚无统一单独的名称），像真菌、皮肤、头、介壳虫以及有些鱼的眼睛，它们中没有任何被看见的东西是它们自己特有的颜色。为什么我们能看见这些事物，这是另一个问题。现在，在光线中可看见的东西是颜色，这一点已经说得足够清楚的了。所以，没有光线就不可能有颜色。光是颜色的本质和致使实现着的透明物运动的东西，光是透明物的完全现实性。这方面的证据也是十分显然的；如果有人将有颜色的东西正好放在眼睛上，那么他就无法看见它了。颜色可以使透明物运动，如空气，连续性的空气就能致使感觉器官受到影响。德谟克里特的这种观点是错误的，他认为，如果有间隔的空间是空虚的，人甚至能清晰地看见在天穹上的蚂蚁。这是不可能的。只有在感觉能力受到影响时视觉才会发生，它不可能受到被看见的颜色本身的影响；剩下的就是受到两者之间的某物的影响；所以，一定存在着某种中介物；事实上如果有间隔的空间是空虚的，不仅不可能产生清晰的视觉，而且根本就看不见什么东西。只有在光线中才能看见颜色的原因，我们已经解释过了。火无论是在光线中还是在黑暗中都能被看见，这是必然的。这是因为，透明体仰仗着火才成为透明。

同样的解释也适应于听觉和嗅觉；如果声音和气味与感官处于直接的联系之中，那它们就无法产生感觉；声音和气味只能使中介物运动，而中介物又使得各自的感觉器官运动。一旦直接将声音、气味置于感觉器官之上，那么什么感觉也不可能产生。对于触觉和味觉也同样如此。不过现在还不清楚其原因，但我们以后将要弄清楚这个原因是什么。听觉的中介是空气，嗅觉的中介尚无名称。空气和水具有某种共同的特性，而且，它们与发散气味的东西之间的关系和透明物与颜色之间的关系一样；生活在水中的动物似乎也有嗅 419^{b}
觉，然而，人以及所有有呼吸的陆上动物，如果它们不呼吸，它们就没有嗅觉。其中的原因我们将在后面来讨论①。

【8】　现在，我们首先对声音和听觉作一些说明。声音有两种，一种是实现活动，一种是潜在能力；我们说，有些事物是没有声音的，如海绵和绒毛，有些事物有声音，如铜器和那些既坚硬又光滑的东西，它们能发出声音，即，它们能够在对象自身和听觉器官之间实现地产生声音。实现着的声音是由于某物撞击中介中的另一事物而产生，因为声音是通过碰撞而产生。所以，只有一个物体就不可能产生声音。撞击者和被撞击者是两种不同的事物。发声者也是这样，即依靠振动别的事物而发声。没有运动就不可能有碰撞。正如我们所说，并非任何两个事物都能由于碰撞而发声。绒毛即使被碰撞也不会发出声音，但铜器和那些中空而且光滑的物体能因碰撞而发声，铜器能发声，因为它是光滑的。中空的物体在最初受到撞击后会不断地发出大量回响，因为受到振动的东西无法从凹孔中逃离出来；不仅在空气中而且在水中都能听到声音，不过水中的声音要小得多。然而，无论空气或水，都不是声音的原因，声音的产生一定要有两个坚硬的

① 见 $421^{b}13$—$422^{a}6$。

物体相互碰撞并且与空气相撞。当空气受到撞击仍然保持在同一地方而没有分散时，这种情况就会发生。所以，它会由于迅猛的撞击而发声，因为撞击者的运动必然会比空气跑得快，正如这种情况，如果有人以极快的速度撞击一堆沙或一排沙时就会产生这种情况。

当空气就像一只有弹性的球，从另一团空气（这团空气由制约它的容器连接在一起）反弹回来，而且它无法被驱散时，就会产生回声，回声似乎总是不绝于耳，但并不总是很清晰。相对于声音所发生的事情同样适用于光，因为光总是被反射（否则任何地方都不会有光，在太阳直接照射以外的任何区域就会只存在黑暗），但是，被反射的光，如在水面、铜器以及别的光滑物体上被反射的光，并不总是强烈到可以投下一个阴影的程度，而这正是光的明显标志。认为空虚的空间是产生听觉的原因是有道理的，有人认为空气是空虚的，当空气作为一个连续的整体而受到振动时，空气就会引
420a 起听觉，但由于它极易破碎，只有当它所撞击的对象是光滑的时候，才会发生声音，只有这样，空气才会形成单一连续的整体，因为光滑对象的表面是一个连续性的统一体。

产生声音的东西，就是使空气运动的东西，它直到听觉器官为止都是单一的、连续的、听觉器官和空气自然地溶合在一起，因为听觉器官即存在于空气之中，一旦外部的空气受到振动，内部的空气也跟着受振动。所以，动物不能用它身体的各个部分来听，而且也不是任何地方空气都能穿透；

甚至受振动并且发声的部分在它之中全都没有空气。由于空气极易散失，它自身不能发声；只有当某些东西阻止空气散失时，它的运动才会引起声音。耳中的空气被深深地安置着以防止这种分散的运动，这样动物便能准确地感知外部空气的各种运动。由于这个原因我们甚至在水中也能够有听觉，在耳内有空气时水就无法进入，甚至由于耳朵的螺旋状，水连耳朵也进不去。一旦有水进入，听觉就会终止。当鼓膜一旦被损坏，听觉也会终止，就像瞳孔上的薄膜一旦被损坏视觉就会终止一样。有无听觉的标志就在于耳朵是否能如同号角一般具有不绝于耳的回音；因为耳内的空气总是以它特有的运动来运动；但声源来自外部而不是出自耳朵本身。由于这个原因，所以有些人说，听觉是由空虚而有回响的东西所引起。我们所以能听是仰仗着在里面具有空气的事物。是碰撞者还是被碰撞者产生的声音呢？这两者都起了作用，但两者的方式不同。声音是在撞击某一光滑表面时从此表面反弹回去的东西的运动。但是，正如我们所说，即使有些事物撞击或被撞击，也并非都能发出声音，例如，两针相撞就没有声音。但是，要使空气能够反弹并成为一团而振动，被撞击的事物就必须是平滑的。能发声的事物之间的差别已经在现实的声音中显示出来了；正如没有光就不可能看到颜色一样，没有声音，尖厉的和凝重的喧嚣就无法被区分。尖厉和凝重的意义乃是从触觉衍变出来的，尖厉的喧嚣是指在瞬间里以极大的程度刺激感官，而凝重的喧闹声则是在较长时间

里并在极轻微的程度上刺激感官。尖厉的东西本身并不快，凝重的东西则缓慢，但它们的运动在性质上的差别是由于快
420b 慢不同造成的。这种情况似乎和触觉的锐利和迟钝类似；锐利的东西有如去刺，而迟钝的东西则有如去推，一个在瞬间产生效果，一个则在较长时间里产生效果，所以，一个快速，一个缓慢，有关声音的属性我们就分析到这里。

叫声是一种由有灵魂的生物发出的声音，没有灵魂的事物绝不可能发出叫声，我们只能在象征意义上说它们有叫声，如长笛和七弦琴，以及那些具有音域、音调和抑扬顿挫的无生命的东西。这种比喻的根据就是因为叫声具有这样一些特点。但有些动物，如有血动物中的鱼以及无血动物就没有叫声。这完全是有道理的，因为声音是空气的一种运动。据说有一种鱼，如阿赫洛沃斯河的鱼①，就能发出叫声，它们用鳃或某个别的类似器官来发出声音。叫声是动物用某一特殊器官发出的声音。但是，只有当某一物在某种媒介中撞击另一物时声音才会发生，空气就是这种媒介，这种说法是正确的，只有那些让空气进入的动物才能发出叫声，当空气一旦被吸入，自然就用它来发挥两种作用，正如舌头既被用来品尝又被用来发音一样，其中，品尝为生存所必需(所以我们可以在更大范围的种类中发现它)，发出语音则是为

① 《动物志》，第四卷，【9】，535b14，记载有“阿赫洛沃斯河的野猪”。现在确已发现，阿赫洛沃斯河有一种鲇鱼能叫。阿赫洛沃斯河位于希腊半岛的北部，发源于品都斯山脉，注入伊奥尼亚海。

了生活得美好。同样地，自然不仅用呼吸来保存体内的热量以备必需（关于这个原因我们将在另一篇论文中来说明①），而且也利用它来发出叫声，以便让呼吸的拥有者生存得更好。呼吸的工具是咽喉，而咽喉被用来服务的部分则是肺；因为陆上动物这一部分比其他动物具有更多的热。心脏周围的地方也具有呼吸的第一需求，所以，在呼吸时空气必然要进入躯体。叫声是由于吸入的空气与喉管碰撞而产生，产生碰撞的原动力是灵魂，灵魂存在于躯体的各部分之中。并非所有动物的声音都是叫声，如我们所说的那样（甚至有些使用舌头发出的声音也不是叫声，或者不使用舌头而像咳嗽那样的声音），引起碰撞的东西必然具有灵魂，而且具有某种想象；因为叫声乃是具有某种意义的声音，而并不仅仅是呼吸时碰撞的结果，如在咳嗽时那样，在发出叫声时，吸入的空气被用来使气管里的空气撞击气管本身。这一事实便是证明：不论我们是在吸气还是在呼气，我们都无法说话，只有当我们屏住呼吸时才能说话，因为只有在屏住呼吸时我们才能从事这样的运动，鱼为何是哑巴，理由很明显，因为它们没有气管。它们没有气管是因为它们不呼吸或者不吸入空气。有关这方面的原因属于其他研究领域②。

---

① 见《论呼吸》，【8】。

② 见《论动物部分》，699a2。

【9】 和已经讨论过的那些问题比较起来，更难以对嗅觉和嗅觉对象作一精确说明。因为“嗅觉是什么”的问题没有声音和颜色是什么的问题那么清楚。其原因在于，我们的嗅觉不太敏锐，和许多动物的嗅觉比较起来甚至要差得远；人的嗅觉是较低级的，如果没有苦乐意识的帮助它就感觉不到嗅觉对象，这说明这种感觉是不敏锐的。这也是有道理的，即硬眼动物以同样的方式来感觉颜色，它们只有在害怕或不害怕时才能区别颜色。人类的嗅觉也是如此；嗅和尝似乎有些相似，嗅的种类和尝的种类是相当的，但由于尝本身即是某种触觉，所以它更为敏锐，而人所具有的这种感觉是最敏锐的；其他一些感觉，人比许多动物都要迟钝，而对于触觉，人比许多其他动物要敏锐得多。人之所以是动物中最聪明的，其原因就在于此。这说明，人们之间自然天赋的差异是由触觉而不是由其他感觉造成的；皮肤肌肉粗糙的人天赋就要差一些，而肌肤柔和的人天赋就要高一些。

正如滋味有甜和苦之分，气味也是如此。有时气味和滋味是相同的（我指的是，嗅觉的甜和味觉的甜），有时它们则是相反的。相同的是，气味也有辛辣、麻涩、发酸以及油腻，但是，正如我们所说过的，气味与滋味的不同就在于，
421b 气味不易被区别清楚，所以它们是根据和滋味相同的地方从滋味来获得自己的名称；藏红花和蜂蜜的气味被称为甜的，麝香草和这一类药草的气味被称为辛辣的；相对于其他情况

也是如此。正如听觉或其他某种感觉具有能听见的对象和不能听见的对象，或可见的和不可见的对象，嗅觉也同样具有有气味的对象和无气味的对象。“无气味的对象”既指那些根本没有气味的事物，又指那些气味极为淡薄微弱的事物。对于“不能尝的事物”一词也可以这样来说明。嗅觉的产生要经过某种媒介，诸如空气和水；因为水里的动物，无论是有血动物还是无血动物，似乎都有嗅觉，就像在空气中生存的动物一样；因为有些水中动物可以根据气味从很远的地方找到食物。

这样就出现了一个问题，所有动物都以同样的方式去嗅，只有人必须在吸气时才能嗅，如果不吸气，无论是凭着呼气还是屏住气息，不论远近的东西，甚至即使将嗅觉对象放在鼻孔底下并与之接触，也无法闻出气味来。直接被置于感觉器官上的东西是无法被感知的，这对于所有感觉来说都是共同的；但是，不吸气就无法嗅出气味，这一点似乎为人所独有。在经验中这是显而易见的。由于无血动物不呼吸，所以它们似乎应当在通常所说的五种感觉之外，还有某种其他的感觉。然而这是不可能的，如果它们感觉的是气味的话；因为对有气味的东西、甜的或恶臭的东西的感觉仍然是嗅觉。另外，我们可以看到，它们也会被强烈的气味所毁灭，如沥青、硫黄以及这一类事物的气味，这些也能将人置于死地。所以它们一定有嗅觉，只是它们用不着吸气而已。

也许人的这种感觉器官和其他动物的这种感觉器官不同，就像人的眼睛和硬眼动物的眼睛不同一样；因为人的眼

睛有眼帘，仿佛是一个护套以用来闭合，如果既不动也不张开，人就无法观看；硬眼动物没有这一类东西；但它们能直
422a 接看到在透明物中出现的事物。同样，有些动物的嗅觉器官并不像眼睛一样被合上，但有些吸入空气的动物，其嗅觉器官有着一层罩膜，一旦它们吸气时，这个罩膜就会由于血管和气孔扩张而张开。吸气的动物在水中没有嗅觉，其原因就在于此；因为如果它们要嗅某种气味就必须得吸气，然而在水中不可能吸气。气味属于干燥，口属于潮湿；嗅觉器官在潜能上是干燥的。

【10】 能尝的东西是某种可以触摸的东西；由于这个原因，如果以其他物体为媒介它就不能感觉；对于触觉也同样如此。而且，滋味寓于其中的可尝的物体存在于液体质料的媒介中；它是可触摸的。所以，如果我们生活在水中，我们能感觉到溶解于水中的甜，但我们的感觉并非依靠任何媒介而产生，而是由于甜的东西和水混合在一起，正如在饮料中的混合物一样。而颜色一旦被混合，或由于流散，就不能被看见。触觉不需要任何东西作为媒介；如同视觉对象是颜色一样，味觉对象是滋味。但是没有湿度就不可能感觉到滋味；它必须拥有实现着的或潜在中的湿度，就像盐，它不仅自身容易溶解，而且也能够因舌头而溶解。

视觉不仅关系到可见的事物，也关系到不可见的事物（黑暗就不可见，但视觉仍能辨认出黑暗），还关系到太过炫

目的东西（因为它也是不可见的，虽然它与黑暗的不可见在意义上不同）；同样，听觉不仅与声音有关也与寂静有关，前者听得见，后者则听不见，而且还与太过高亢的声响有关，正如视觉与太过炫目的光亮有关一样；在某种意义上幽微的声音是听不见的，同样，过于嘹亮激越的声音也是听不见的。“不可见”这个词是在一般的意义上说的，就像其他否定某种能力的词一样，另外也指虽然天生应具有但并不具有或只在极其轻微的程度上具有某种性质，如“无脚的”和“无核的”；同样，味觉既与能尝的东西相关，也与不可尝的东西相关；后者包括味道过于清淡的东西以及会毁坏味觉的东西。这两者的根本差别似乎在于能饮用和不能饮用；它们都有滋味，但一个对味觉是有害的和毁灭性的，而另一个则是合乎自然的。能饮用的东西是触觉和味觉的共同对象。

422b 由于能尝的东西是潮湿的，感觉它的器官一定既不会是现实的湿，也不会不变得湿。味觉是由于受到味觉对象本身的影响。所以味觉器官一定会变得有湿度，它开初肯定并不湿润，但能在保持其本性的情况下变得湿润。这一事实就说明了这一点：舌头在过于干燥或过于湿润时都无法感觉；因为所接触到的不过是已为舌头自身所先有的口水，这就如同先品尝过某种滋味极强的东西之后再去品尝别的滋味；同样，病人会发现他们所品尝的东西全是苦的，因为还没有感觉时他的舌头上就已经满是苦液。各种滋味就像颜色一样，有简单而相反的，如甜和苦，其次与它们相关的是油腻和咸，在这些滋味之间的是辣、涩、麻、酸，这些差不多也就是各种不同的滋味了。所以能进行品尝的就是潜在地具有这些性质的东西，而能品尝的就是使这种潜能实现的东西。

【11】 同样的说明也适用于可触的事物和触觉。如果触觉并非一种而是多种感觉，那么可触的事物也一定会存在着多种，触觉是多种抑或一种感觉乃是一大难题，还有，感知触觉对象的器官是什么？它是不是肌肉？而对于没有肌肉的动物来说，和肌肉功能相同的东西又是什么呢？抑或肌肉是否仅仅是作为触觉的媒介，而真正的感觉器官乃是某种不同的内在的东西呢？因为所有的感觉似乎都关系到一对相反者，如视觉有白和黑，听觉有高音和低音，味觉有甜和苦，而对于可触觉的事物，似乎存在着多对相反者，如热和冷，干和湿，硬和软，以及其他诸如此类的性质。要部分地解决这个问题可能与这个事实有关：其他的感觉也包含有多种相反者，例如，在声音中不仅有高音和低音，而且还有强音和软音，滑音和涩音以及其他。关于颜色也存在着同样的一些差别。但是，什么是触觉的主体（如声音是听觉的主体）并不清楚。

423a 感觉器官是内在的呢，抑或不是内在的，而是由肌肉直接感知的呢？这似乎并不能由这一事实来断定，即感觉是与接触同时产生的。因为即使在现在状况下，如果肌肉的周围遍布着密集适宜的网状物，只要一接触它，感觉就会和从前一样立刻显示出来；然而，感觉器官显然并不存在于这种网状物之中；如果这种网状物生长在肌肉上，那么感觉就会特别迅速地穿越它，所以，身体的这个部分似乎和包围着我们的大气层一样具有同样的作用；如果是这样，我们就可以认定，我们之所以能感觉声音、颜色、气味，都是由于某一事物，而视觉、听觉、嗅觉全都是某种相同的感觉。但事实上，由于运动发生时所穿越的媒介是分离的，所以我们所谈论的这些感觉器官显然是各不相同的。但对于触觉我们还不太清楚；拥有灵魂的生物，其躯体不可能由气或水来构成，它一定是某种坚实的东西。它是这些元素和土的混合物，例如，肌肉以及类似物所欲成为的东西；所以，触觉的媒介一定是几种感觉产生时所穿越的躯体。就舌头的触觉来看，它们显然有几种，因为舌头能用感觉滋味的同样部分来感觉所有的可触对象。如果肌肉的其他部分也能感觉滋味，那么味觉和触觉就会显得是同一种感觉了。但事实上它们是两种感觉，因为它们并不能相互改变。

还有一个问题，所有物体都有厚度，亦即三维；当两个物体之间存在着另一个物体时，这两个物体就无法相互接触。离开了躯体湿润就不可能存在，所以它一定或者是水，或者包含有水。在水中相互接触的两个物体，由于它们表面不可能是干燥的，所以在两者之间一定还有水，水一定浸湿了它们的表面。如果这是真的，那么两个物体就不可能在水中相互接触。在空气中也同样如此；因为空气和在空气中的

事物的关系，与水和在水中的事物的关系一样。只是我们不
423b 易看清这一点，正如在水中的动物并没有觉得相互接触的事物表面是湿的一样。对所有事物的感觉是相同的呢，还是各不相同，正如现在人们通常认为的那样，是不是味觉和触觉都是通过接触而发生，而其他感觉则是有距离间隔的呢？事实并非如此，我们通过媒介感觉硬和软，也同样地感觉听觉对象、视觉对象和嗅觉对象，只是后者有间隔，而前者更靠近罢了，因而这些事实便不易为我们所发觉。我们是通过媒介来感觉所有事物，只是这些媒介并不明显而已。如前所说，如果我们是通过网状物来感觉所有触觉对象，而又没有觉察到它所引起的分离，我们就会完全以与在水中或空气中同样的方式起作用；因为我们似乎是直接接触它们，而没有任何中间物的介入。但是触觉对象与视觉对象或听觉对象是不同的，我们对后两种对象的感觉是由于某种媒介对我们施加了作用，而触觉则无须媒介的作用，它是与媒介在同时产生的，就仿佛通过盾牌而致伤的人一样，因为并非盾牌击打了他，而是他和盾牌在同时被击打。一般而论，触觉器官和肌肉与舌头有关，就像视觉、听觉和嗅觉与空气和水有关一样。无论在上述哪一种情况下，感觉都不能因和感觉器官相接触而发生，例如，将某一白色物体置于眼睛的表面。由此可见，感觉可触物的东西是内在的。这对于其他感觉来说也是完全相同的；因为当对象被置于其他感官上时，感觉就无法产生，而当对象被置于肌肉上时，则仍然能产生触觉，所

以，肌肉是触觉的媒介。

躯体作为躯体，显著的特点是可触性，所谓显著特点，我是指对元素加以区别的性质，如热和冷、干和湿，即我们以前在关于元素①的论文中谈到过的那些。我们称其为触觉的东西首先即存在于它们之中，而感觉它们的触觉器官，就是潜在的这一类事物的部分。因为感觉就是某种承受作用的过程。所以，对象使其实现地像自身的东西已经潜在地是这样了。由于这个原因，当对象的冷热、软硬和我们一样时，我们就没有感觉；只有当存在着程度上的差别时才有感觉，这意味着感觉乃是在能感觉的两个相反极端的中间状态。它之所以能辨别出感觉对象，其原因就在于此。只有这种中间状态才能进行辨别；因为相对于每一个极端它自己也是一个极端；这就像感觉到白和黑的对象绝不可能是现实的白和黑，而只是潜在的白和黑（对于其他感觉也是如此），就触觉来说，它既非热也非冷。我们已经看到，视觉在某种意义上既与可见的东西有关也与不可见的东西有关，其他感觉也同样涉及对立的两个方面，所以，触觉既与可触事物相关也与不可触事物相关，所谓不可触事物是指在极其微小的程度上具有可触性的东西，例如相对于空气这种状态，也指那些程度太过的可触性事物，如毁灭性的事物。以上就是我们对各种感觉所作的一个提纲挈领的说明。

① 见《论生成和消灭》，【2】，【3】。

【12】 我们必须理解所有的一般意义上的感觉，感觉是撇开感觉对象的质料而接受其形式，正如蜡块，它接受戒指的印迹而撇开铁或金，它所把握的是金或铜的印迹，而不是金或铜本身；同样，每个人的感觉都要承受有颜色、气味、声音的东西的作用，但并不是作为那个所说的东西，而是作为这个，与公理相关。感觉器官首先是其中有这种潜能的东西。两者相同一，但又各不相同；感觉主体是某种有体积的东西；而感觉能力和感觉则没有体积，它们只是主体的某种比率和潜能。这就说明了，如果对感觉对象的感觉过分强烈，为什么会破坏我们的感觉器官；因为，一旦对感官的刺激太强，那么其协调的比例（这种比例就是感觉）就会被破坏，正如琴弦拨得太猛，七弦琴的音调与和谐就会受到破坏。这也很清楚地说明，虽然植物拥有灵魂的某一部分，而且在某种程度上还能被接触到的对象所影响，它们既可变冷，也可变热，可是植物却不能感觉。其原因就在于它们不具有中间性的元素，没有接受感觉对象形式的本原，仅只承受到质料的作用。有人也许要问，没有嗅觉是否会承受气味的作用，没有视觉是否会承受颜色的作用，对于其他感觉对象亦复如此。但是，如果嗅觉的对象是气味，如果有什么东西造成了嗅觉，那么它一定是气味造成的。所以不能嗅也就承受不到气味的作用。同样的道理也适用于其他感觉。能够感觉的事物只有在每一种都具有感觉能力时才能承受作用。

从下述事实来看这是很清楚的。光线、黑暗、声音、气味都不能对躯体施加作用，施加作用的是这些现象依存于其中的事物，例如劈开树干的是伴随着霹雳的空气。但是可触的事物和滋味能对躯体产生作用；如果不是这样，那么没有灵魂的事物又是受到什么东西的影响并发生变化的呢？是不是其他感觉对象对它们产生了作用呢？也许并非所有物体都能承受气味和声音的作用;承受作用的事物是那些没有界限的不能持久的东西,如空气;因为嗅起来它似乎受到了某种作用。如果嗅不承受某种作用那它会是什么呢?也许嗅的过程就是感觉的过程，而空气则只是受到暂时的作用而变为可感知的。

第　三　卷

424b23 【1】 在五种感觉之外（我是指视觉、听觉、嗅觉、味觉和触觉）并不存在其他感觉，我们可以从以下论证来说明。如果实际上我们具有靠触觉所感知到的一切事物的感觉（因为凭借触觉我们能感觉可触事物本身的性质），而且，如果我们丧失某种感觉，我们就一定丧失了某种感官；另外，通过直接接触能感觉到的一切事物，我们就能通过触觉感觉到，触觉是我们实际上所拥有的感觉；但是，所有通过中介而非通过直接接触被感知的事物，都是以这些简单元素，如气和水，为媒介而感知到。再有，存在着这样一个事实，如果通过一单个媒介能感觉多种对象，则与此媒介相当的感官的所有者便能感觉这两类对象（例如，如果这种器官是由气构成，那么气不仅是声音的媒介，而且也是颜色的媒介），
425a 但是，如果同一事物具有多种媒介，例如气和水都是颜色的媒介（因为这两者都是透明的），那么这两者的拥有者便能感觉到通过这两种媒介而能感觉到的东西。但感官仅仅是由这两者构成，即气和水（因为瞳孔由水构成，听觉器官由气

构成，嗅觉器官由这两种元素的某一种构成)，火或者并非任何感觉的媒介，或者它对所有感觉都是共同的（因为没有热就不可能有感觉)，土或者并非任何感觉的媒介，或者它以某种特别的方式与触觉相联系；因此，剩下的是，除了由气和水构成的感官外不可能存在任何其他东西构成的感官；有些动物实际上就拥有这样一些感觉器官。所以，那些完善的、无残缺的动物都具有所有这些感觉；我们可以看到，甚至鼹鼠，在其毛皮之下也具有眼睛。所以，如果不存在其他物体，如果除了属于我们这个世界的物体的属性外不存在其他属性，那么就没有什么感觉是不必要的。

但是,不可能存在某种特殊感官能感觉到共同的对象，我们只能凭借着每种感觉偶然地感觉这些，诸如 运动、静止、形状、广延、数量以及统一体；因为我们可以通过运动感觉所有这一切，例如我们可以通过运动感觉广延以及形状；因为形状是一种广延。处于静止状态的事物则可以通过运动的缺乏来感觉；通过否定连续性和那些特殊的事物感觉数；因为每一感觉都能感知到一类对象。所以，对于那些共同的感觉对象，如运动，显然不可能存在着某种特殊的感觉；如果有，我们对它们的感觉就会像现在通过视觉感觉甜一样。但我们之所以又能感觉到它们，那是因为相对于每种性质我们都具有某种感觉。所以，当两者相遇时便能识别它们，否则，我们就绝不可能感觉到它们，除非碰巧，例如，克勒翁的儿子，我们并非感觉到某人是克勒翁的儿子，而是感觉某人长得白净，而碰巧这位长得白净的人是克勒翁的儿子。但我们具有一种共同的能力，它能感觉共同的事物，而且并非偶然地感觉。所以，对它们来说并不存在某种特别的感觉。如果存在，我们也感觉不到，除非就像我们上面说到的那样，我们看见了克勒翁的儿子。这些感觉能碰巧感觉所有别的特殊对象，但这并非从它们自身，而是因为它们形成
425b 了一个统一体。当感觉是在同时针对同一对象的两种不同性质时，如胆汁的苦味和黄色，这种偶然的感觉便会产生；陈述两者的同一并不是感觉；由于这个原因感觉可能会受到欺骗，如果某物是黄色的，它就会显得好像是胆汁。有人也许会问，我们为什么有多种感觉而非仅有一种。这也许是为了让那些附随的共同的事物，如运动、大小和数目，更好地被我们注意到；因为如果视觉是唯一的，那么我们只能感觉颜色，我们就难以注意到，因为颜色和大小与其他伴随物同时出现，所有的事物都显得完全同一。事实上共同的对象存在于多种感觉之中，这说明每种感觉都是不同的。

【2】 我们可以感觉到我们在看和听，那或者一定是凭借着视觉在看，或者一定是仰仗其他的感觉。然而，同一感觉必定既能感知视觉也能感知视觉的对象，即颜色。所以或者是两种感觉感知同一对象，或者是同一感觉感知它自身。此外，如果感知视觉的感觉与视觉不同，那么或者这将导致无穷后退，或者是同一感觉感知它自身。在第一种情况下我

们就应当得出这一点。这里有一个问题，因为如果视觉的感觉是看，那么看到的或者是颜色，或者是有颜色的东西，如果某物要观看在看的东西，那么首先在看的东西就应当具有颜色。所以，“视觉的感觉”显然并不是在一种意义上说的；因为即使在我们没有看的时候，我们也能凭借着视觉判别黑暗和光明，但两者在方式上并不同。此外，在看的东西在某种意义上是拥有颜色的；因为每种感觉器官在接受感觉对象时并不接受其质料。由于这个原因，在感觉对象消失后，在感觉器官中仍然存在着感觉和影像。

感觉对象的在实现和感觉的在实现是同一的，虽然它们的本质并不是同一的；我说的意思如在实现的声音和在实现的听；因为具有听力的人也可以不听，具有发声能力的东西并不总是发声。但是，一旦有听力的东西正在实现其能力，426a
能发声的东西正在发声，那么在实现的听和在实现的声音就同时发生了，我们将那称为听和发音。

如果运动发生在被作用的事物之中，无论是主动的还是被动的运动，在实现的声音和听都必然地存在于潜在的听之中；因为运动着的东西和起作用的东西，其实现就发生在承受作用的事物之中。所以，引起运动的事物并不必然被运动。产生声音的事物，其实现活动是声音或发音，产生听的事物，其实现活动是听或听觉，因为听有两种意义，声音也有两种意义。同样的说明也可以应用于其他感觉和感觉对象。因为正如主动和被动都依存于承受作用的事物之中，而不是依存于产生作用的事物中，感觉对象的实现和感觉主体的实现也同样是存在于感觉主体之中。在某些情况下，对于两者我们都有其称谓，如发音和听觉，但在另外的情况下，它们其中之一没有名称；因为视觉的实现被称为看，而颜色的实现则没有名称；味觉的实现被称为尝，但滋味的实现则没有名称。但是，因为感觉对象的实现和感觉的实现是同一的，尽管它们的本质不同；所以实现着的听一定是和声音同时终止或连续，滋味和味觉以及其他情况也是如此，但这并不适用于它们的潜能。早期的自然哲学家们在这点上是错误的，他们认为，如果没有视觉，白和黑就不能存在，没有味觉就没有滋味。他们的说法既有正确的一面也有不正确的一面；因为感觉和感觉对象这两个词可用于两种意义，即潜在的和实现着的，他们的陈述只适用于后者而不适于前者。他们对那些名词的意义只笼统地加以说明，而它们是不能仅仅笼统地加以说明的。

如果和谐是某种声音，声音和听在某种意义上就是同一的（在某种意义上又不同一），如果和谐是比率，那么听也一定是某种比率。由于这个原因，所以无论是高音还是低
426b 音，过度都会毁坏听；同样，过分的滋味会毁坏味觉，就颜色来说，过度耀眼或过分昏暗也会破坏视觉，嗅到过于强烈的气味，无论是甜还是苦都会破坏嗅觉；所以在某种意义上说，感觉是某种比率。当纯净不混的东西，如酸、甜、咸被置于这一比率中时，它们就会变得使人惬意；因为如果那样

的话，它们就是令人惬意的。但一般来说，混合的构成要比单纯的高音或低音更为和谐，对于触觉来说，能热或能冷的事物更令人愉悦；感觉是比率，过度便会伤害或破坏感觉。

每种感觉都与其感觉主体相关，它依存于感觉器官本身之中，并能辨别出感觉主体的差别；例如，视觉能辨别出白和黑，味觉能分辨出甜和苦；相对于其他情况也是如此。但是，由于我们能对白色和甜味加以区分，而且能对所有感觉对象进行相互比较，所以，我们又是凭借着什么来察觉这些差别的呢？那一定是感觉；因为它们是感觉的对象。肌肉显然不是最后的感觉器官；如果是的话，辨别便会依靠所接触的事物。再者，也不可能依靠不同的感觉来辨别甜和白的不同，而且两者都清晰地呈现在某一单个感觉之前。因为，在另外的情况下，我感觉的是一事物，而你感觉的是另一事物，那么这两者就显然是互不相同的。断定差别的东西必定是同一种能力，因为甜不同于白。所以断定差别乃是同一能力，如同它进行断定一样，它思想和感觉也是这样。显然不可能用分离的能力来辨别分离的对象；所以，也不可能在分离的时间里对它们加以辨别。因为正如同一能力宣称善和恶不同一样，我们在同时宣称差别一个是此，一个是彼，这里的时间并不是在偶性上说的（我是说，例如，说是在现在，差别也是在现在，所以这两者在同时出现）。这种能力是现在在说，差别是现在存在，所以两者是同时的。辨别是不能分离的而且存在于不能分离的时间中。但是作为不可分割的并且存在于不能分割的时间中的同一能力，不可能由于相反的运动在同时而被运动。因为如果有某个甜的东西，它就会427a 以某种方式来刺激感觉或思想，但如果有某个苦的东西，那它就会以相反的方式刺激，如果是白色的东西，它就会以不同的方式刺激。我们是否可以设想，辨别的能力在数目上不可分开和不可分离，但在本质上则可以被分开呢？在某种意义上正是被分开的事物感觉那些被分开的事物，但在另外的意义上，它是作为不可分开的事物的；因为在本质上它是可以分开的，但在空间上和数目上是不能分开的。抑或这也是不可能的吗？因为虽然同一不可分开的事物在潜能上可以成为两个相反者，在本质上它不能，但作为实现活动它是能分开的；一事物不可能同时既白又黑；所以，同一事物不可能同时受到这两者形式的影响，如果这种事物是感觉和思想的话。但事实上，正如一些人所描述为点的东西一样，它既是作为一又是作为二，在这种意义上它又是可以分开的。作为不可分开的东西，它被辨别为一并且是瞬时的，作为可分开的东西，它在同一时间里两次使用了同一符号。就它把这个极端作为二来说，在某种意义上说，它是凭借着分离的能力来辨别两个分离的对象，就它作为一来说，它是凭借着同一种能力并在同时进行辨别的。

关于这个本原，即我们所说的动物凭借着它而具有感觉的本原，我们就讨论到这里。

【3】 确定灵魂最大的特征有两点，即位移和思维、判断、知觉。有人认为，思维和思考与某种感觉相似；因为在这两种情况下，灵魂判断着并认识着存在的事物。早先的确有些人认为思维和感觉是同一的，例如恩培多克勒就说过，“经多见广，使得人们机智增长”，在另外的地方他还说，“由此思考各样的思想便永久发生在他们身上”。荷马也说过同样的话，“心灵就是这样”①。因为他们都认为思维是肉体的某种功能，正如感觉一样；人们通过感觉相同而认识相同，正如我们在讨论开始时②所解释的那样。然而他们应当在同时对谬误作出说明，因为谬误似乎与动物更为密 472b
切，灵魂在更多的时候是处于谬误状态。由此可以必然地得出，或者，如有些人所说的那样，所有现象都真实，或者，谬误与不同相联系；因为这与“通过同而认识同”正相反对。看来，在相反者的情况下，谬误和知识是同一的。很显然，感觉和思考并不同一；因为所有动物都分有前者，但只有极少数动物分有后者。而且，思维也和感觉不同，它包含了正确和不正确，“正确”属于理智、知识以及真实的意见，“不正确”则属于它们的对立面，所以它和感觉是不同的。因为对特殊对象的感觉总是真的，而且它是所有动物的特

① 荷马：《奥德赛》，18，136。

② 见 404^{b}8—18。

征。但思维则可能产生错误，而且思维也不属于没有理性的①动物；想象和感觉、思想都不同，没有感觉想象就不可能发生，而没有它自身判断也不可能存在。想象和判断显然是不同的思想方式。因为想象存在于我们意愿所及的能力范围之内（因为人们可以在心里制造出一些幻相，就好像人们利用影像来帮助记忆一样），但是，我们却不能随心所欲地形成意见；因为意见一定要么是错误的，要么是正确的。再有，当我们形成有关某一可怕或恐怖事物的意见时，我们便会即刻受到影响，同样，当我们形成有关能激励勇气的事物的意见时也会这样；但是，相对于想象，我们则有如观看梦中景象或令人鼓舞的事物的观众。判断自身具有不同种类，知识，意见，思考，以及它们的对立面，但有关它们的区别，我们只能在其他地方来讨论。

关于思想，由于它不同于感觉，它被认为是由想象和判
428a 断构成的，因此，我们先来分析想象然后讨论判断。如果想象②（撇开这个词所引申的含义）是这样的过程，即是说，仰仗着它某种影像在我们心中出现，那么，它就是这样一种能力或状态，凭借着它我们进行判断，它们或者正确或者错误。感觉、意见、知识和理智也是这样。从以下说明可以清楚地看到，想象不是感觉。感觉或者是潜在着或者是实现

① hooi me kai logos，亦可译作“不说话的。”

② phantasis，其含义正如现代语中的“幻想”、“幻梦”，可引申为“声威”、“浮名”。影像（phatasma）是想象的结果。

着，例如，视觉和看，但即使这一切都不存在想象也仍然能够发生，就像在睡眠中所梦见的事物那样。其次，感觉总是出现，而想象并非如此。如果感觉和想象在现实上是同一的，那么所有动物就应当具有想象，事实似乎并非如此。例如，这对于蚂蚁、蜜蜂和蛴螬就不合适。再次，所有感觉都是真的，而多数想象则是假的。当我们正在现实地精确地涉及感觉对象时，我们就不能说“我想象这是一个人”，唯有当我们没有现实地感觉时才会这样。如前所述，甚至在双眼紧闭的情况下人们仍然能够想象。但想象并非永远正确，例如知识和理智；因为想象可能是虚假的。剩下的是来看它是不是意见；意见或者为真，或者为假。但是，意见伴随有相信（因为人们不可能坚持某一他不相信的意见）；动物不可能有相信，但多数动物有想象。再有，所有意见都伴随有相信，相信伴随有信念，信念又伴随有理性，有些动物有想象，但它们没有理性。很显然，想象既不可能是与感觉相关的意见，不是以感觉为基础的意见，也不是意见和感觉的混合物；这不仅是因为上述理由，也因为意见不与任何其他事物有关，而只与感觉对象有关，我是说，想象是由“它是白色的”意见和对白色的感觉混合而成的，而不是由“它是善的”意见和对白色的感觉混合而成。想象是相对于直接感觉 428b
所形成的意见。但是，对于那些我们具有真实判断的事物，同时可能会看起来是虚假的；例如，太阳的直径看起来不过一步之阔，但我们相信它要比我们所居住的地球大得多；我们可以由此推出，要么，在事实还保持着原样，而且在感觉者既没有忘记，也没有不相信他所持有的真实的意见时，这个意见自身就被否决了；要么，如果他仍然坚持这一意见，那么这个意见必定既是真的又是假的。但是，真实的意见只有在事实不知不觉地发生了变化时才会变得虚假。想象既不是这些事物中的某一种，也不是由它们所构成。

但是，当一个别物被运动时，另一事物又会被它所运动，而且，由于想象似乎是某种运动，离开了感觉它似乎就不能发生，它发生于感觉者，而且和所感觉到的东西相联系；现实的感觉可以产生出运动，这种运动必然和感觉相同，离开了感觉，或当我们没有感觉时这种运动便不会发生；由于它，拥有它的东西可以在多个方面作用和承受作用；它既可能是真的也可能是假的。这个结论是从这样的理由推出的，对特殊事物的感觉是真实的，或者它可能存在着最轻微的错误。其次是对偶性的感觉，在它们中有可能产生错误，因为，在感觉白色时不会发生错误，但对于这一白色对象是这一事物还是另一事物则可能出错。其三是对共同属性的感觉，它们伴随着特殊事物所从属的偶性；我是指诸如运动和广延，感觉在这样一些事情上极容易发生错误。但是由感觉的活动所引起的运动有别于三种感觉中任何一种实现着的感觉；无论感觉什么时候出现，第一种感觉都是真实的，其他两种无论是出现还是不出现，都可能产生错误，特别是感觉对象处于远距离时。如果想象并不含有任何别的，

而只是我们所说过的那些，如果想象正是我们所描述过的那 429a
些，那么想象就一定是由实现中的感觉所生成的运动。视觉是一种基本的感觉，想象（phantasia）是从光（phaog）这个词变化而来，没有光就不可能看。由于想象即存在于我们身上，并类似于感觉，动物在多数情况下就是按照想象而行动，有些动物是由于没有理智，如兽类，有些动物则是由于理智暂时被情欲所笼罩，或消失，或沉睡，如人。关于想象，它是什么以及是由于什么原因，我们就说这么一些。

【4】 关于灵魂的这一部分，即灵魂用来认识和思维的部分，无论它是分离的存在，还是它在广延上不能分离但在定义上可以分离，我们都必须要考察它具有哪些不同特点，以及思维是如何发生的。如果思维类似于感觉，那么它一定或者是某种承受思维对象作用的过程，或者是承受其他这一类事物作用的某种过程。虽然它不能感觉，但能接受对象的形式，并潜在地和对象同一，但不是和对象自身同一，心灵和思维对象的关系与感觉能力和感觉对象的关系一样。就像阿那克萨戈拉所说的那样，由于心灵能思维一切，为了居于支配地位，亦即为了认识，它必须是没有被玷污的；因为杂入了任何异质的东西都会阻遏和妨碍它，所以心灵除了接受能力外，并无其他本性。在灵魂中被称为心灵的部分(我所说的心灵是指灵魂用来进行思维和判断的部分)在没有思维时就没有实现着的存在。因此认为它和躯体混合在一起是不合

理的；如果是那样，它就会变成某种性质，如热或冷，或者甚至会拥有某种器官，就像感觉能力一样；但事实上它并不具有什么器官。认为灵魂是形式的居所是不无道理的，但这并不适用于整个灵魂而只适用于思维能力，这些形式只是潜在的而不是现实的。如果我们考察一下感觉器官和感觉，很显然，感觉能力的麻痹和思维能力的麻痹是不同的。因为感
429b
觉在过于强烈的感觉对象刺激下就不能感知，例如，轰鸣过后就听不到声音，在过分强烈的颜色和气味的刺激下就不能立刻看和嗅；但是心灵在思维了某一强烈的思维对象后，不仅不能减小思维细微事物的能力，而且还会加强这种能力；因为感觉能力是不能脱离躯体的，而心灵则是分离的。一旦心灵变成其对象，就像有学问的人一样，即是说他是实现着的学者（当他由于自身而实现其能力时这就会发生），在某种意义上它仍然是潜能，但这和在学习或研究前的潜能并不相同；它自身能够思维它自身。

广延和作为广延的存在[①]是有区别的，水和作为水的存在也是不同的（在其他许多情况下都是如此，但并非所有情况都这样；因为在某些情况下它们是同一的），我们就以不同的能力，或以同一种能力的不同状况来判断作为肌肉的存在和肌肉；肌肉是不能没有质料的，就像塌鼻，它是存在于特殊质料中的特殊形式。我们凭借着感觉能力判断冷和

① 作为广延的存在即指广延的本质。

热，肌肉就是它们的某种比率；要判别作为肌肉的存在，则要依靠其他能力，它或者与感觉能力相分离，或者是与它相关的状态，就像一条曲线和它被拉直是同一条线。再者，在这些抽象对象中，直就像塌鼻一样；因为它们都是和某种质料相联系的；如果作为直的存在和直不同，则所以是的是[1]就是不同的事物；因为它是双重的。因此就须以不同的能力或同一能力的不同状态来作判断。一般而论，就像对象能和质料分离一样，关于心灵也是这样。

有人也许要问，如果心灵是单纯的，不承受作用，并且和任何事物毫无共同之处，正如阿那克萨戈拉所说的那样，如果思维是承受某种作用，那它又如何思想呢？因为只有当两个东西具有某种共同点时，其中之一才会被看作是作用者，另一个则被看作是承受作用者。再有，心灵自身是不是思维的对象呢？因为，或者心灵存在于他物中（如果心灵自身即是思维对象，不依赖于任何他物，则思维对象在种类上就永远是同一的），或者心灵包含有某种共同元素，这使得它自身和其他事物一样成为思维对象。在前面分析“因某种共同东西而承受作用”时，我们已经指出，心灵潜在地即是思维对象，但现实上，在思维之前它什么都不是。思想在心灵之中就像在一块没有被实现地书写的写字板上的字一样。相对于心灵来说，所发生的正是这样。心灵自身就是思维对

① to ti en einai，直译为“所以是的是”，指“本质”。

象，就像其他思维对象一样。相对于没有质料的东西来说，思考和被思考是同一的[1]；因为思辨知识和这种知识对象也是同一的；我们必须考察，心灵是由于什么原因不在永远地思维着。在有质料的事物中，每个思维对象都是潜在的；所以有质料的东西不会有心灵存在于其中（因为心灵是没有质料的，它只是潜在地属于它们），心灵是可以成为思维对象的。

【5】 在全部事物中，如同在整个自然中一样，一方面存在着某种质料，它潜在地是所有这个种类中的个别事物，另一方面还存在着原因和制作者，它造就了一切；两者的关系就仿佛技术同承受作用的质料的关系一样，同样的区别也一定存在于灵魂之中。一方面，正是这种心灵，万物被生成，另一方面，心灵造就万物，作为某种状态，它就像光一样；因为在某种意义上，光使得潜在的颜色成为实现着的颜色。这样的心灵是可分离的、不承受作用的和纯净的，从实体的意义上说它就是实现活动。因为作用者永远都比被作用者尊贵，本原比质料更尊贵。实现的知识与事实是同一的；对于个别事物来说，潜在的知识在时间上是在先的，但在总体上它并非在时间上在先；心灵绝不会一时能思维一时又不能思维。一旦被分离开，它就仅仅是它所是的那个样子，只有这才是不朽的和永恒的（我们没法不忘记，因为这是办不

① kai autos de noetos estin hosper ta noeta。

到的，被动心灵是可灭的），离开了这种心灵就不可能有思维。

【6】 思维不可分割的对象发生在这样的事物中，对于这样的事物不可能存在虚假；只有在将多个思想混合为一体的事物中，才存在着真假，正如恩培多克勒所说的那样，“在没有脖子的地方长出了许多脑袋”，随后，通过“友爱”它们结合在一起——，思想中分离的成分也是这样被结合在一起的，例如“不可度量的”和“对角线”，对于过去的或未来的事情，还应当考虑、结合时间。因为虚假总是产生于结合过程之中；把白的事物说成是不白的事物，就结合了“不白的事物”。同样也可以把所有这一切都称为分散。不仅说“克勒翁现在是白净的”存在着真假，而且说他过去或将来是白净的也有真假。造成统一体的，在所有情况下都是心灵。

“不可分割”有两层意义，或作为潜在能力或作为实现活动，当心灵思维长度并存在于一不可分割的时间中时，什么也不能妨碍心灵去思维这一不可分割的东西（因为在实现的意义上长度并没有分割开）；同样，时间也和长度一样既可分又不可分，因此，要在时间的一半中说出心灵正在思想什么是不可能的；如果整体没有被分割，一半就不能存在，虽然它可以潜在地存在。如果分别思维每个一半，那么心灵也就同时分割了时间，在这种情况下，半线也就被认为是长度的新单位。但如果整线被看作是两个半线之和，那么在时间中也包含了两个一半的时间。

如果对象不是在量上而是在形式上不可分割，那么心灵会在不可分割的时间中并依靠灵魂的不可分割的活动来思维它；但在偶性的意义上这一整体是可分的，只是这并不是在思维和时间可分的意义上说的，而是在它们不可分割的意义上说的。因为它们具有某种不可分割的因素（也许它并不能分离存在），这使得时间和长度同一。相对于所有连续性的事物、时间以及长度都是如此。点和所有可分割的东西，以及不能分割的东西，都是以和缺乏同样的方式而被认识。同样的说明也适用于其他情况，例如，怎样认识恶或黑；心灵在某种意义上是通过相反者而认识它们。认识者必然潜在地是相反者之一而且包含了相反者的另一个。如果不存在某种相反事物，那么它就是能自我认识的就实现而言的分离的存在。判断陈述的是与某物有关的某物，如肯定，所有判断都有真假；然而心灵并不全是这样，它思维着与所以是的是有关的定义乃是真实的，它思维的不是与某物有关的某物。这就好像，看见某个视觉对象总是真实的，而断定白色事物是不是人并不总为真。这也适用于其他没有质料的事物。

431a **【7】** 实现着的知识与事物①是同一的。在个别事物中潜在的知识在时间上是在先的，但总体上在时间上并不在

① pragma，与 paraksis（实践的）同源，直译应为“所做过的”。

先；因为所有有生成的事物都是来自实现活动的存在。很显然，感觉对象使感觉功能从潜能变成实现的存在；因为它既不会承受作用，也不会发生变化。所以它一定是某种不同一般的运动；因为运动是未完成的实现活动，一般的实现，即完成了的实现是与之不同的。感觉有如单纯的判断与思维；如果对象令人愉悦或令人痛苦，灵魂就会追求它或回避它，并由此肯定它或否定它，感到快乐或痛苦就会按照相应于善或恶或诸如此类的东西的感性媒介而行动。这就是在实现中回避或欲求所意味的东西，欲求的能力与回避的能力，或和感觉能力并没有什么不同，虽然它们的本质并不相同。对于思维灵魂来说,影像仿佛感觉中的感觉对象。一旦它肯定或否定它们是善或恶,它就追求或回避它们。所以,没有影像灵魂就无法思维,就像空气以某一特殊方式作用于眼睛,眼睛又作用于别的东西一样,对于听觉也是一样。最后承受作用的东西是一,是单一的中介;但它自身的存在则有多个方面。

灵魂的哪一个部分辨别甜和热，我们已经在前面解释过[①]，但还需对此再说明一下。它是某种单元，是在刚才所说的意义上，即作为联系项。它所联系的两种能力[②]（从类别和数目上说是一）的相互关系，就像它们的感觉对象的关系一样。不论我们是否会问，灵魂怎样区分不同类的事物，

① 见 426^b12。

② 指辨别甜的能力和辨别热的能力。

以及相反者，如白和黑，那都是无关紧要的；假设A（白色）与B（黑色）之比，等于C与D之比，那就会得出C比A等于D比B，如果C和D属于一个主体，则A和B也具有同样的关系，A和B是同一的，虽然它们的存在具有
431b 不同方式。C和D也是如此。如果我们把A当作甜，将B当作白，也可进行同样的说明。

所以，思维能力以影像的方式来思维形式，就像感觉领域的情况一样，被追求和被回避的东西因为它而被限定，在没有感觉的情况下也是如此，一旦影像占据了它，它就会被驱动①，例如感觉到了一缕烟，就会意识到那是烽火；看到它在移动，就会意识到有敌人。但有时凭借着灵魂中的影像和思想，仿佛灵魂正在观看一样，它会鉴于现在而对未来进行部署筹划；一旦它主意已定，仿佛在感觉时一样，它断定了某一对象是令人惬意的或令人不悦的，如果这样，它就会追求或回避，一般而论在行动中就是这样。无行动的事物，如真实和虚假，与善恶一样属于同类事物；它们的差别就在于其一涉及普遍的方面，其一涉及特殊的方面。心灵思维抽象对象就仿佛一个人思想“塌鼻”一样，作为“塌鼻的”，离开了肌肉就无法思维它，但作为“中空的”，如果我们在实现中能够这样来思想它，那么，即使脱离开中空所赖以存在的肌肉我们也能思维它。所以，当心灵思维数学对象时，

① kineitai，指追求或回避。

它把它们设想为分离的，尽管它们并不能分离存在。一般而论，正在实现地思维的心灵与其所思维的对象是同一的。心灵是否能思维在广延上分离存在的事物，而它自身并不能分离存在，这一点我们在后面还必须要加以考虑。

【8】 现在我们来对灵魂作一个概述性的结论，我们再一次说，在某种意义上灵魂是所有存在着的事物，因为存在物或者是感觉对象，或者是思维对象；在某种意义上知识就是可知的事物，感觉就是可以感觉到的事物。我们必须考察这是在什么意义上说的。我们可以对知识和感觉进行划分以符合它们的对象，使潜在的符合潜在的，实现的符合实现的。灵魂的感觉能力和认识能力就是这些潜在的对象，即可以认识到的事物和可以感觉到的事物。这些能力必然或者是与对象自身同一，或者是与它们的形式同一。然而它们与对象并不同一；因为石头在灵魂中并不存在，存在的只是石头的形式。灵魂就像一只手，因为手是一种使用工具的工具，同样，理智是运用形式的形式，感觉是感觉对象的形式①。但显然没有任何事物能够脱离感性的广延而分离存在，思想对象，所谓的抽象对象，感性事物的状态和属性，均存在于感性对象的形式之中。因此，离开了感觉我们既不可能学习

① 理智与感觉都非质料而是形式（eidos），不过理智（nous）的活动以形式为工具，感觉的活动以被感觉者为工具。

也不可能理解任何事物，甚至在我们思辨时，我们也一定是在思辨着某种影像。因为影像除了无质料外，其余都类似于感觉对象。然而影像还不同于肯定与否定；因为真理和谬误产生于概念的联结。最简单的概念又与影像有什么不同呢？无疑，无论是这些概念还是其他概念都不是影像，但是离开了影像，它们就无从发生。

【9】 关于动物灵魂的特性可以从两种能力来看：判断能力，这种能力负责思想和感觉，引起位置运动的能力。我们已经对感觉和心灵作了充分的说明，现在我们必须来考虑在灵魂中引起运动的东西是什么；它是否在广延上或定义上是与灵魂自身相分离的部分；或者是整个灵魂自身，如果只是某个部分，那么它是与通常所述的和已作出过说明的那些部分不同呢，或者就是这些部分中的某一部分。现在有这样一个问题，我们是在什么样的意义上谈论灵魂的那些部分，以及它们有多少部分。因为在一种意义上它们似乎是无限的，而不只是某些人所说的那些，如计算、情感和欲望，也不仅仅只是另外一些人所说的理性和非理性的部分；如果我们考虑到他们进行分类时所凭借的特性，我们就会发现一些其他部分，它们和我们已经说到过的那些部分明显不同；例如，营养能力，它既属于植物也属于所有动物；感觉能力，我们很难将这一部分归属于理性或非理性的任何部分；此外
432b 还有想象能力，在本质上它似乎和所有别的都有区别，但

是，如果我们设想灵魂的部分是分离的，我们就极难将它和这些部分中的任何部分同一起来或区别开来。此外还有欲望能力，无论是在定义上还是在潜能上它似乎都是和所有这些部分有区别的，将这种能力加以割裂乃是荒谬的，因为在计算的部分中存在着意志，在非理性的部分中存在着欲念和情感。如果我们把灵魂分成三个部分，那么我们在每一个部分中都可以找到欲望。

我们现在来看所讨论的问题，致使动物作位置运动的是什么？为所有生物所分有的生成和营养能力似乎掌管着生灭运动，因为这种运动属于所有生物，在后面还必须要考虑呼与吸、睡眠与觉醒；因为这些都是令人困惑的难点。现在我们必须要考虑的是位置运动，看一看引起动物运动的东西到底是什么。显然它不是营养能力，因为这种运动总是有目的的，并且和想象或欲望联系在一起；因为，如果它不是正在寻求或回避某种事物，如果不是强迫，就不可能有运动。此外，植物也能运动，并拥有实现这种运动的必要器官。同样，它也不是感觉能力；因为许多动物具有感觉，然而它们却是静止的，它们一生都无运动。如果自然绝不会无益地劳作，而且也不会遗漏任何必要的东西，除了残缺和不完善的动物是个例外（我们所考虑的这类动物是完善的无残缺的，这一事实可用来证明一点：它们能繁衍其种类，并具有兴盛和衰败），它们也应当拥有实现活动的器官。它也不是计算的能力，也就是那被称为心灵的东西，亦即运动的原因，因为思辨能力并不能思维任何实际的东西，而且它也不能为我们指明该回避什么或追求什么；但是运动总是存在于回避和追求某事物的东西之中，即使心灵在思辨这样的对象时，它也不能直接提议是否该回避或追求；例如，它经常思维某些
433a 令人恐惧或愉悦的事物，但并不提议应该恐惧。只是心脏受到推动，——或者在愉悦的情况下，某一其他部分受到推动。而且，甚至当心灵命令和思想驱使我们回避或追求某事物时，运动也不会产生，但是欲望却能怂恿人们行动，如在缺乏自我控制的情况下就是这样。一般而论，我们可以看到，拥有医疗知识的人并不总是在进行治疗，这说明还需要一些其他因素才能按照知识而行动；仅仅是知识还不能构成这种原因。最后，负责运动的也不是欲望，因为那些有自我控制力的人，就可以不作他们所渴望的事情，虽然他们可能在渴望着，但他们服从的是他们的心灵。

【10】 如果人们把想象看作是某种思维，那么这两者，即欲望和心灵，似乎是运动的原因，因为人们常听从与知识相反的想象，在其他动物中，既没有思维，也不存在计算，它们只有想象。这两者，即欲望和心灵，能产生位置运动。但是，心灵乃是为着某一目的而进行计算的东西，亦即实践心灵：它与作为其目的的思辨心灵不同。所有欲望都是为着某一目的，因为欲望所企求的事物乃是实践心灵的出发点，而实践心灵的最后步骤又是行为的开端。所以，这两者，即

欲望和实践的思想，似乎更有理由被认为是运动的源泉；既然欲望对象产生运动，所以思想也产生运动，因为欲望的对象是它的开端。当想象也是这样导致运动时，它就必须包含欲望，否则就不会引起运动。所以，运动的东西仍是某种单一的能力，欲望的能力。如果存在两个运动者，心灵以及欲望，它们就会由于某一共同的特点而产生运动。事实上，如果没有任何欲望，我们就绝不可能看到心灵会产生运动（因为意志是一种欲望，当运动符合计算时，它也符合意志），但是欲望所产生的运动与计算相反对；欲念就是某种欲望。心灵永远都是正确的，但欲望和想象既可能正确也可能不正确。所以，欲望的对象总是会产生运动，但是这种对象或者是真正的善，或者是表面的善；并非所有的善都能引起运动，只有实践的善才能如此。实践的善乃是那种能够成为其他方面的东西。

显然，运动是由灵魂中被称为欲望的东西所引起。那些对灵魂的部分进行分割的人，如果他们按照其能力的特点来 433b
进行划分和区别，那就会产生更多的部分，营养能力、感觉能力、思维能力、思虑能力，还有欲望能力；它们相互之间的差别更甚于欲念和情感之间的差别，欲望之间可能互相冲突，一旦理性和欲念发生对立就会出现这种情况，这也会产生于能感觉时间的存在物之中（因为心灵劝告我们为了将来应踌躇不前，而欲望则只顾眼前，那种转瞬即逝的快乐看起来仿佛是绝对的快乐和绝对的善，因为欲念并不顾及将来），所以引起运动的原因一定是一，即作为欲望的欲望，或者欲望的最后对象（因为那不动的东西是通过被思想或被想象而导致运动），而引起运动的东西在数量上则是多。

运动有三个方面的因素，一是引起运动的事物，二是运动所凭借的工具，三是被运动的事物；运动的原因有两类，其一是不动的，其一既运动又被运动。不运动者是实践的善①，既运动又被运动者是欲望（因为从被动来说，欲望使得被运动的事物运动，从主动来说，欲望就是某种运动），被推动的事物就是动物。欲望致动所凭借的工具属于躯体的范围；所以必须要从躯体和灵魂的共同功能之中来考虑它。现在我们可来作一简单概括，运动的工具可以在开端和终结相同一的地方发现，就仿佛凸凹的接合处一样；因为凸面和凹面依次是运动的结尾和开端；因而后者静止而前者运动。它们在定义上是截然不同的，但在空间上不能相互分离；因为一切事物都是由推和拉而被运动；所以，就像车轮一样，必定存在着一个静止的点，运动就是从这一点开始的。一般而论，正如所说过的，大凡有欲望的动物都能自我运动；但是欲望不能离开想象，所有的想象或者包括计算，或者包括感觉。人和其他所有动物都拥有后者。

434a **【11】** 我们现在还必须考虑，那些不完善的动物，即

---

① to prakton agathon，即行为的目的。

仅具有触觉的动物，其运动的原因是什么，它们是否也可能具有想象和欲望。显然它们是有痛苦和快乐感的。如果是这样，那么它们就一定有欲望。但是，它们是在什么意义上拥有想象呢？也许，正像它们的运动模糊不清一样，它们所具有的想象也同样模糊不清。正如我们说过的，感觉的想象在所有动物中都可以找到，但思虑的想象只存在于能计算的动物中；因为决定一个人做这个还是做那个，要求诸计算能力，人们必须依据某单一标准进行度量，因为人们总是追求更大的善。这意味着将多个影像合而为一的能力，人们认为想象不含有意见，其原因也就在此，因为它并不包含根源于推论的意见，虽然意见包含了想象，所以欲望不具有思虑能力。有时它战胜并动摇意志，就像一个球推动另一个球一样，或者在缺乏自控能力的情况下如同一个欲望影响另一个欲望，在自然中，总是较高级的能力支配和推动较低级的能力；所以我们现在就得到了三种运动方式，认识能力不可能被运动，它是静止的。由于一个前提或陈述是普遍的，而另一个特殊的（因为其一断定这样的人应当作这样的事，另一断定现在的这种行为就是这样的事，我就是这样的人），正是后面的这种意见引起运动，而不是那个普遍的东西。或者也许是两者，然而共相更倾向于静止，另一个则并非这样。

【12】 一切有生命的东西都必然具有营养灵魂，这样的事物从生到死都拥有灵魂。因为已经出生的东西必然要生

长，经过兴盛期到衰老，没有食物这些就不可能发生。营养能力必然存在于所有有生灭的事物之中。但并不一定所有生物都有感觉；躯体单纯的生物就不可能具有触觉（在动物中没有什么是没有触觉的），那些离开了质料就无法接受其形式的事物也没有触觉。但动物一定都具有感觉，如果自然不作无益的劳作的话。一切自然事物都导向某一目的，或者被认为是和这样的目的同时发生的。任何能够作位移的躯体，434b 如果没有感觉，就会被毁灭，而且无法抵达作为其自然能力的目的。它怎样摄取营养呢？不动的生物是从生它们的地方摄食，如果某种躯体并不是静止的，而是由生成而产生出来，对于它来说，如果没有感觉就不可能拥有进行判断的灵魂和心灵；即使它没有生成也不可能；它为什么不应当具有感觉呢？无论是对于灵魂的善来说，还是对肉体的善来说，事实上无论是哪一者都不是真实的；因为如果没有感觉，灵魂就无法更好地思维，肉体就无法更好地存在。所以，如果离开了感觉，并不静止的肉体就不可能会拥有灵魂。

如果它拥有感觉，那么躯体就必然或者是单纯的，或者是复合的。但是它不可能是单纯的；否则它就会没有触觉，而触觉乃是不可或缺的。从下面我们可以清楚看到这一点。因为动物是拥有灵魂的肉体，一切躯体都是可触摸的，“可触摸的”意味着可以通过触觉来感知，这就得出，如果某一动物是活的，那么其躯体就必定具有触觉能力。而所有其他感觉，如嗅觉、视觉以及听觉，都是通过一些别的事物来感觉；如果一个动物没有感觉，当它去触摸时，它就不能避开或抓到别的东西。如果是这样，这个动物就不可能存活下来。味觉类似于某种触觉，其原因也就在此；因为味觉相关于食物，而食物是一种可触摸的物体。而声音、颜色以及气味就与营养无关，也不可能导致生长和衰老。所以味觉一定是某种触觉，因为它是对那种可触摸的有营养的事物的感觉。这两者对于动物来说都是必需的，很显然，一个动物没有触觉就不可能生存。

其他的感觉不过是为了生存得好而已。它们并非随意地属于一切生物，而只是属于某一些生物，例如，对于能运动的动物它们就是必须的；如果它要活下来，它就不仅需要在接触时能感觉，而且要在隔着一段距离时也能感觉。如果它们是通过某一媒介来感知，这种情况也会发生，媒介受到感觉对象的作用和推动，动物又受到媒介的作用和推动。就像这种情况，产生位置运动的事物引起某一点发生变化，刺激起运动的事物又引起别的事物来刺激运动，于是运动就通过中介而产生了；第一动者无须被推动便可推动他物，而最后的动者则是唯一被推动而不能推动他物的东西，但中介既能推动又能被推动，而且存在着多个中介，相对于变化来说也是如此，除非主体遭受了变化而又没有改变位置。所以，如果有人将某物浸在蜡液中，从浸一开始运动就发生了。在石头中运动寸步难行，但在水中运动则可远行万里之遥。而只要空气保持着连接一体的状态，它就会被运动，会在最大范围内作用和被作用。相对于反映来说，认为视觉是出自眼睛并被反映，不如认为只要空气保持为统一体它就会受到形状和颜色的影响更为有理。在一个光滑的平面上它是一个统一体；所以它能再次使得视觉运动，就仿佛蜡上的印迹随着蜡的扩张而被扩张一样。

【13】 动物的躯体显然不是由单一元素所构成，我是指诸如火或气等元素。离开了触觉就不可能具有其他感觉；如上所述[1]，一切拥有灵魂的物体都具有触觉能力。除了土以外，其他元素都能够构成感觉器官，但是它们全都是依赖别的事物，即通过中介而产生感觉，而触觉是在与对象直接接触时发生的，触觉的名称就是由此而得[2]。其他感觉器官也是通过接触来感知，但是要凭借别的事物；只有触觉显得是凭借着它自身。所以这些元素中没有一种能够构成动物的躯体。土也不行，因为触觉是一种介于所有可触摸性质之间的中介，它的感觉器官不仅能接受土的所有不同性质，而且也能接受热、冷以及所有其他可触摸 的性质。这就是为何不能用骨骼、头发以及类似的部分来感知的原因，因为它们
435b 都是由土构成的。植物也是因为这个原因而没有感觉能力，它们就是由土构成的；没有触觉就不可能有其他感觉，触觉

① 见 434b10。

② 触觉（haphee）是动词接触（haptesthai）的名词形式。

器官既不可能是由土构成，也不可能由其他单一元素构成。很显然，只要丧失了这种感觉，动物必死无疑；因为除了动物外任何别的东西都不可能拥有触觉，动物可以没有其他，但触觉却非有不可。正是由于这个原因，其他感觉对象，如颜色、声音和气味在过度时并不会毁灭动物，而只会对感觉器官产生毁灭性打击；偶尔也有例外，例如，当撞击与声音同时发生时，或者当视觉对象或嗅觉对象致使某些其他事物运动时，就会由于接触而导致毁灭。而且，当滋味同时是可触摸的时候也会由于触摸而导致毁灭。但是，那些可触摸的性质，如热、冷、硬，过度了就会使动物死亡。因为一切感觉对象过度了都会毁坏感觉器官；而可触摸的性质的过度会也毁坏触觉。这是生命的显著特征，因为我们已经证明，没有触觉，动物就无法生存。所以，可触摸性质的过度不仅会毁坏感觉器官，而且也能使动物死亡，因为触觉是动物所唯一必备的感觉。有些动物拥有其他感觉，如上所述，它们的目的并不是仅仅为了存在，而是为了生存得更好；例如，动物的视觉是为了观看，因为它生活在空气或水中，或者在一般意义上的透明状态里；因为存在着甜与苦所以存在着味觉，以便它能感觉食物的这些性质，并且产生欲望和运动；它拥有听觉是为了听到对它所发出的有意义的声音，它拥有舌头是为了能对其他动物发生有意义的声音。

论感觉及其对象

秦典华 译

* peri Aistheseoos Kai aisthetoon　据《洛布古典丛书》希腊本文。

【1】 我们已经详尽地讨论了灵魂本身，以及它各部分 436a
的每种功能，下一步的任务是考察动物和一切拥有生命的事物，以及了解它们有什么独有的和共同的活动，我们先假定关于灵魂所说过的一切成立，现在来讨论剩下的问题。首先来讨论那些在先的问题，动物最为显著的特征，无论是共同的还是独有的，显然是那些既属于灵魂又属于肉体的特征，诸如感觉、记忆、情感、欲念以及一般的欲望，此外还有快乐和痛苦；因为这一切属于几乎所有的动物。除此之外，还有一些特征，为所有享有生命的事物所共有，另外一些，则只为某些动物所特有。其中最为重要的有四对，即醒与睡，少与老，呼与吸，生与死；我们必须考察这每一种各是什么，以及它们是由什么原因而引起的。

研究疾病与健康的第一本原乃是自然哲学家的任务，因为无论是健康还是疾病都不是无生命事物的属性。所以，有人可能会说，绝大多数的自然哲学家和那些以哲人态度来研究其技术的医生在这一点上是共同的，前者的目的是研究医学，后者将他们的医学理论建立在自然哲学原理的基础上。 436b

以上提到的共同性特征显然既属于灵魂又属于肉体。因为所有特征都或者伴随着感觉一起出现，或者是由感觉所引起：有些是感觉的属性，有些是感觉的状态；有些是保护和维持性的，而有些则是毁灭和剥夺性的。在灵魂中感觉是通过肉体而产生出来的，这一点显然既是根据推理，又与推理无关。

我们以前曾在《论灵魂》① 中解释过，感觉和感知是什么，以及这种属性为什么会在动物中出现。一切作为动物的动物，都必然拥有感觉。正是根据这一点我们区分了什么是动物什么不是动物，关于那些特殊的个别感觉，触觉和味觉必然属于所有动物，触觉的原因我们已经在《论灵魂》中说过了，而味觉乃是为了营养；味觉把食物区分为可口的和不可口的，以便分辨出该避免的和该追求的，一般而论，滋味乃是营养部分的属性。那些由于外物而发生的感觉，诸如嗅觉、听觉和视觉，属于能够作位移的动物。对于所有拥有这些感觉的动物来说，它们都是保护性的因素，它们使动物在得到食物前预先感觉到什么是它们的食物，并避开那些有害
437a 的和致命的东西，对于理智的动物来说，这些感觉的存在是为了生存得更好，因为它们会使我们明白许多差别，对于思想对象和实际事务的理解就是从这些差别中产生出来的。

在这些感觉中，在本然意义上说，视觉与生存必然有关，听觉在偶然意义上说与心灵有关。视觉能力告诉我们多种差别，因为一切物体都分有颜色，所以我们主要是通过它而感知那些共同的性质（共同的性质指的是形状、广延、运动和数目）；对于少数几种能发出不同声音的动物来说，只有听觉才能区别声音的不同。对于理智来说，听觉在偶性上是贡献甚多的一个部分，语言是学习的原因，它是可以听见

---

① 见 413b。

的，但这并不是就其自身，而是在偶性意义上说的；因为语言是由词组成的，每个词都是符号。因此，在那些天生就缺乏某种感觉的人中，瞎子要比聋子和哑巴聪明。

【2】 关于各种感觉所具有的能力，我们在前面已经说得差不多了。感觉器官自然是从躯体中产生出来，现在有些人正试图将躯体的部分和躯体的元素联系起来，然而，由于难以将五种感觉和四种元素彼此搭配，所以他们就求助于第五种感觉，他们全都认为视觉器官由火构成，因为他们对视觉特性的原因并不了解。当眼睛被挤压以及被移动时，似乎有火花闪现。在黑暗中，或者当双眼紧闭时，也会产生这种现象，因为在这时也会产生黑暗，然而这只不过是提出了另一个令人疑惑的问题罢了。因为除非不去假定感觉者在没有意识到它时也能够看见可见的对象，否则眼睛就一定会看到它自身了。当眼睛在静止时这为什么不会发生呢？其中的原因和难题的解决，以及眼睛是由火构成的理由，必须从以下方面来考虑。因为光滑的东西能在黑暗中发光，虽然它们自身并不产生光亮，被人们称为黑眼珠的眼睛的中心部分，就 437b
显然是光滑的。当眼睛运动时，便会产生这种现象，一个物体在这时会变得像两个似的。这是由于快速的移动使得在看的东西和被看见的东西显得不同。所以，如果运动不是快速的而且也不在黑暗中，那么这种现象就不会发生；在黑暗中光滑的东西自然会发光，例如有些鱼的头和乌贼的墨汁；

当眼睛运动缓慢时，视觉器官和被看见的物体就不会显得在同时既是一又是二。但是在其他快速运动的情况下，眼睛会看见它自身，就仿佛在反射时的情况一样，如果眼睛真是火的话，就像恩培多克勒所说的，《蒂迈欧》中[①]也是这样描述的，而且如果当光从眼睛里面就像从灯笼里释放出来时视觉发生了，那么视觉为什么不能在黑暗中同样地发生呢？像《蒂迈欧》中所说的，从眼睛里产生出来的光线在黑暗中熄灭了，这也是一种徒劳无益的说法；那么光线的熄灭到底是什么意思呢？又热又干的炭火或火焰，被认为是由湿和冷所熄灭；但是，热和干显然并不是光的属性，如果是，而且又轻微到了我们无法察觉的程度，那么当白天下雨时，光线就应当会被雨水所熄灭，在寒冷的天气里，黑暗就会更经常地降临，火焰和燃烧的物体就会遭受这种情形；但是在其他情况下，这样的事就不会发生。有时，恩培多克勒似乎认为，如前所说，当光从眼睛里面产生出来时，视觉就产生了，他这样说道：

仿佛欲思离去的人，准备着灯笼，
一缕火光照彻了风雪寒夜，
四周的屏障使灯光免遭八方的狂风，
风在呼啸，屏障分散了风的喘息，
火花在向前闪耀，因为它精妙绝伦，

---

① 见柏拉图：《蒂迈欧》，25^{D}。

在它的门槛，闪烁着不灭的灯光，
就这样，用精美的薄膜，爱将被网住的原火，
紧紧裹住，甚至还有滚圆的瞳仁。
深不可测浩渺的洪水已被阻拦， 438a
唯有原火在遍燃，因为它精妙绝伦。

有时他就这样说明视觉，但有时他又用视觉对象的流射来解释视觉。德谟克里特说眼睛是水，他是正确的，但当他认为视觉仅仅是一种反映时，他又错了。眼睛能够看见影像是因为眼睛是光滑的；影像并非存在于眼睛里面而是存在于观察者之中；因为这种现象只不过是一种反射而已。但是关于被反映对象和反射似乎还没有获得清楚的一般性的知识。不过奇怪的是，他从来没有疑惑过为何只有眼睛能看，而影像在其中被反映的其他事物为什么就不能看，无疑眼睛是由水而构成，但眼睛能看并不是因为它是水，而是由于它是透明的；水和空气在这一点上是共同的。但是水比气更容易被控制，更容易被限定。所以，瞳仁或严格意义上的眼睛，是由水构成的。从观察到的事实来看这是很显然的，很清楚，当眼睛衰老时就会渗出水来，在胎儿时期，眼睛透凉闪亮。有血动物的眼白肥厚多油，这样以保持水分不被冻结。由于这个原因，眼睛成为身体中对冷最不敏感的部分，谁也不会感到眼帘里面寒冷。无血动物眼里有一层坚硬的皮，这对它们起到了同样的保护作用。

一般而论，以为视觉的产生乃是由于从眼中产生的某些

东西，视线可以遥及星辰，或者抵达某一点并且与这一对象连接，正如有些人所认为的那样，都是毫无道理的。认为连接发生在眼睛的核心部位也许还有些道理。但甚至这种观点也是愚蠢的。因为光和光的连接是指什么呢？它是如何产生
438^b 的呢？因为在那些随意的对象之间并不会发生连接。而且，内部的光又如何与外部的光连接呢？因为在它们之间有一层薄膜。在别的地方[1]我们已经说明过，没有光线视觉就不可能；但是，无论视觉的对象和眼睛之间的中介物是光还是空气，经过这一中介的运动是产生视觉的东西。眼睛的内在部分是水，这是有道理的，因为水是透明的。正如没有光就不可能有外部的视觉一样，在内部的视觉没有光也不行；所以一定存在着某种透明的东西。既然它不是气，它就一定是水。因为灵魂或灵魂的感觉器官并不存在于眼睛的表面，而一定是存在于眼睛的内部；因此，在眼睛里面的部分一定是透明的并能接受光线。从实际的情况来看这也是很显然的。在战斗中当人们的太阳穴被重创时，眼睛的通道被切断了，就会产生黑暗似乎已经降临的感觉，仿佛明灯已经熄灭，因为有如灯罩一般的透明体，即我们所说的瞳孔，已经被切掉了。

如果事实正如我们说的那样，那么显然我们就应当用这种方法，将每一种感觉器官和某一种元素关联并搭配好。我

---

[1] 见 418^b3。

们必须先假定眼睛的视觉部分由水构成。能感觉声音的东西由气构成；嗅觉由火构成（嗅觉是现实的，而嗅觉器官是潜在的嗅觉；因为感觉对象引起现实的感觉，所以，它一定预先就潜在地存在着；气味是某种烟雾，烟雾是由火而产生；所以嗅觉的器官为大脑周围地方所特有；因为冷物的质料潜在地即是热；关于眼睛的生成也可以使用同样的方法。因为它也是出自于大脑，在躯体的各部分中，眼睛是最湿润最清凉的），触觉器官由土构成，味觉能力是触觉的一种形式。439a 正是因为这个原因，味觉和触觉两者的感觉器官都与心脏靠近。心脏与大脑相对立，在躯体的各部分中它是最温热的部分。关于用来描述躯体各部分的感觉能力的方法，我们就讲到这里。

【3】 有关各感觉器官的感觉对象，我是说诸如颜色、声音、气味、滋味以及触觉，还有它们的能力是什么，每一个别感觉器官的现实作用是什么，我们已经在《论灵魂》中作过一般性的说明了，现在必须要考虑如何来说明它们每一个各是什么，例如，颜色是什么，声音是什么，气味或滋味各是什么，此外还有触觉。首先我们来说明颜色。这些词每一个都有两层意义，即现实的和潜在的。在《论灵魂》中我们已经解释过，现实的颜色和声音如何与现实的感觉（如看和听）既同一又不同；我们现在来说明，那些产生现实感觉的东西各是什么。正如我们在那篇文章中论及光线时所说的

那样，它是在偶性意义上的透明物的颜色。当透明体中存在着某种火时，就会出现光明，而它的缺乏便是黑暗，我们称为透明体的东西，并不为气或水或其他我们所说过的物体所特有，它是某种共同的本性和能力，它不能分离存在，而是在或大或小的程度上依存于这一些或其他一些物体。正如所有物体一定具有某个界限，光也是一样。光的本性存在于不受限制的透明体中。在那些物体之中的透明体显然是有界限的，从这一事实中可以清楚地看到，这个界限就是颜色，因为颜色或者依存于这个界限，或者它就是这个界限。由于这个原因，毕达戈拉斯学派才将物体的表面说成是物体的颜色。颜色存在于物体的界限之中，但这个界限并不是真正的物体，我们必须假定，外在地展示的颜色的同一本性，也是
439b
内在地存在着的。空气和水显然能显示颜色，因为它们明亮的光线具有这样的特征。在那样的情况下，由于颜色存在于无限制的事物之中，空气和大海对那些靠近它们但还有一段距离的人并没有显示出如眼前一般的同样的颜色。在物体中，如果四周所包裹着的东西并没有引起变化，那么颜色的出现就会受到限制。很显然，无论是在这种情况下还是在那种情况下，接受颜色的东西乃是同一事物，透明体按比率存在于物体之中（它在或大或小的程度上存在于所有的物体之中）。这使得它们分有了颜色。由于颜色存在于界限之中，它也一定存在于透明体的界限之中。所以颜色是在受限制的物体中的透明体的界限。在透明的对象中，如水以及其他诸

如此类显得在界限上具有特殊颜色的事物，其颜色为物体表面所固有。在空气中造成光亮的东西可能在透明体中出现，也可能因缺乏而不出现。所以，就像在空气中一样，产生光明和黑暗的是同一状况，同样，在物体中，产生白色和黑色的也是同一状况。

我们现在必须要考虑其他颜色以及说明颜色所产生的不同方式。白色和黑色应相互并列在一起，因为它们每一个由于太小而无法被看见，两者混合后就可以成为可见物了，这种颜色似乎既不可能是白色也不可能是黑色。虽然它不可能是这两种颜色中的任何一种，但它一定有某种颜色，它一定是某种混合体和某种不同的颜色。所以我们认为除了白色和黑色以外，还存在着多种颜色，其数目的多少，就在于混合的比率，如3∶2，3∶4，以及用其他数目所表示的比率（有些颜色并不是根据数目之比，而是根据某种过度和不及的不可比关系）。所以，这样的颜色所产生的方式很像和声；因为取决于这种简单比率的颜色，就像和声一样，被认为是赏心悦目的颜色，例如，紫色、绯红色以及其他少数几种类似的颜色，和声稀少，也是由于同样的原因；其他的颜色并不是由数目之比构成；或者所有的颜色都是可以用数目表达，但有些在这方面是有规则的，有的则没有规则，而后者在不纯粹的情况下具有这种特性，因为它们不是以纯粹的数目之比为根据的。

这是说明颜色产生的一种方式。另一种方式是，它们似乎互为中介，就像有时画家在制作它们时那样，他们将一种颜色加到另一种颜色上，使其更加鲜艳；当他们想让一件东西看起来似乎是在水中或雾中时，就是如此，仿佛太阳本身看起来是白炽的，而透过雾霭和烟雾则显出万紫千红的色彩。以此看来，多种颜色都可以用与我们前面所说的同样方式来说明；在表面的颜色和底层的颜色之间存在着某种比率，而另外一些颜色则并不是由比率构成的。

正如那些早期思想家所说的，认为颜色是一种流射物，或者颜色能被看见乃是由于这样的原因，这种观点是荒谬的。因为在所有的情况下，他们都必须要通过触觉来解释感觉，这样才能更好地说明感觉的发生是由于感觉对象致使感觉媒介运动，即是通过触觉而不是通过流射物。如果我们接受了这种相互并列理论，我们就不仅必须假设不可见的广延，而且还必须假设不可感知的时间，以便无法感知这种运动的抵达，从而使得颜色看起来是一种，因为它们看起来是同时的。在另外的情况下我们就不必这样，由于表层颜色自身受到或者没有受到里层颜色的影响，因而表层颜色对媒介的影响也就不同，因此，它既不是白色也不是黑色，而似乎是一种不同的颜色。所以，如果没有什么广延是不可见的，则所有广延在一定距离内都是可见的，这一理论可以解释颜色的混合。在前一种观点看来，没有什么可以妨碍它们在一段距离之内显得是作为某种混合的颜色；因为我们已经在后一种观点中指出过，没有什么广延是不可见的。

物体的混合，不仅如有些人所认为的那样，是由其微小 440b
的部分并列而成，这些部分对于我们来说无法为感觉所察觉，而且由于所有部分都是混合构成，正如我们在一般性地讨论混合时所说的那样①，用他们的观点看来，对于那些可以分割成微小部分的事物来说，如人、马或各种种子，唯有混合是可能的，因为个别的人是所有人的最小部分，个别的马是所有马的最小部分，所以，当这些相互并列时，全体的数目就会变成由两者结合的混合物，但我们不能说一个人和一匹马混合在一起。然而，对于那些不能被分割成微小部分的事物来说，混合就不可能以这样的方式产生，而只存在着全体的融合，它是一种最自然的混合方式。关于它是如何发生的，我们在前面谈论混合时已经说过了②。很显然，一旦物体被混合，则它们的颜色也一定会被混合，这就是存在着多种颜色的真正原因，它既不是由于在上面涂抹也不是由于相互并列。被混合的物体的颜色在任何距离里看起来都是同一的，它不会因距离的远近而改变。之所以存在着多种颜色，其原因就在于，其混合元素是按多种比率相互混合而成的，有些以数目之比，有些则仅仅是根据性质上的过渡。我们对有关相互并列或在上重合的颜色所说的一切同样适用于混合的颜色。颜色的形式受到限制或不受限制的原因也可以

① 见《论生成和消灭》，第一卷，【10】。
② 同上。

适用于滋味和声音，我们将在后面讨论。

【4】 我们现在来说明颜色是什么，以及存在着多种颜色是由于什么原因。在前面，我们已经在《论灵魂》中说到过声音和叫声了。现在我们来讨论气味和滋味。这两者几乎具有同样的属性，虽然它们各自并不存在于同样的事物之中。对于我们来说，滋味的种类要比气味的种类容易弄清楚得多。其原因是由于我们的嗅觉没有其他动物的嗅觉发达，而且它也比我们的其他感觉落后，我们的触觉则要比其他动物的触觉完善得多，味觉是触觉的一种形式。

水在本性上存在着无法品尝其滋味的倾向，对此要么认为水在本身内包含有各种滋味，但由于太过微细而无法感知，如恩培多克勒所说的那样；要么认为水是某种质料，它包含了所有滋味的种子，所有的滋味都是从水而产生，不同的滋味是从不同的部分产生；要么认为导致滋味不同的原因，并不是水，而是某种外在的东西，如有些人认为是热和太阳。在这些观点中，恩培多克勒的观点显然是荒谬的；因为我们可以看到，一旦有果皮的水果被摘下并被放置在烈日与火焰的照射之下，滋味就会因热而发生变化，这说明果汁的滋味并非来自于水，其变化发生在水果自身之内，而且，一旦果汁被压榨出来并被存放起来，经过一段时间以后，其滋味就会失去甜味，而变得发涩发苦，或者产生出其他味道。而且，一旦果汁被煮沸，它们就会变得具有各种滋味。同样，水也不可能是构成所有滋味的种子的质料；因为我们可以看到，不同的滋味是可以从作为它的食品的同样的水中产生出来的。剩下的解释是，水的变化是由于承受了某种影响。很显然，水不可能通过受热而获得我们所称为滋味的这种性质；因为在所有液体中水最稀，甚至比油还要稀。由于比较黏，所以油能比水伸展到更大的面积上，而水则是易变的，所以以手舀水要比舀油更难一些，水本身并不会因为加热而显得更稠，这显然说明还存在着某些其他原因；因为所有滋味都具有更稠密的倾向；热是部分原因，存在于有果皮的水果 441b
中的滋味显然也存在于土中。所以早先很多自然哲学家认为水与它所流经过的土具有相同的性质。拿盐水来说，就十分明显，因为盐就是某种土。当水从发苦的灰沙中渗过时，水的滋味就会发苦。还有许多泉水有的发苦，有的发酸，有的具有各种其他滋味。植物所产生出来的滋味，其种类最丰富，这种说法是有道理的。因为同其他事物一样，湿在本性上只承受其相反者的作用；它的相反者就是干。它在某种程度上承受火的作用，其原因就在于此。因为火的本性是干。但火所特有的性质是热，土所特有的性质是干，正如我们以前在有关元素的讨论中所说过的①。所以作为火与作为土，它们不可能在本性上作用或承受作用，没有任何事物会作用或承受作用，除非它们每一个都包含有相反元素。这就仿佛

① 见《论生成和消灭》，329a。

那些将颜色和滋味浸泡在液体中的人，他们使得水也具有这样的颜色和滋味。自然也是这样来对待干燥的东西和土的，它通过热的作用使水用干燥的东西和土来过滤，这样它就使得液体具有了某种性质。由我们前面所说到的干燥在液体中产生出来的属性(它能够从潜在的味觉变为现实的味觉)就是滋味。因为它致使感觉能力由潜在变为现实；现实的感觉和学习并不相同，而是类似于沉思。[①]

滋味是属性或缺乏，但它并不属于任何干燥的东西，而是属于营养物，我们可以从这一点看到，无论是没有湿的干，还是没有干的湿都不是营养物；因为作为动物的食物并不是单个的元素本身，而是它们的混合物。在动物所吸收的食物的可感觉的成分中，可触摸的部分乃是导致生长和衰亡的原因，作为热和冷的被吸收的东西是它们的原因。因为
442a 它们导致生长和衰亡；作为有滋味的东西，被吸收的食物提供营养；因为所有的有机物都得到了甜的营养，或者是通过自身或者是通过混合。关于这个问题我们必须在论生成的文章中来详细讨论[②]，现在只需要讨论比较本质的问题。热使食物膨大并使食物可口，它摄取较轻的成分，因为其重量而留下咸的和苦的东西，无论外在的热能在外在物体中产生什么作用，动植物天然的热都能在动物和植物中产生同样的

① 见《论灵魂》，417^b19。

② 见《论生成和消灭》，第一卷，【5】。

作用；它们之所以通过甜而得到营养，其原因就在于此。其他滋味则是和食物混在一起，这就像我们使用盐或醋作调料一样。这些东西主要被用来防止甜的东西具有过多的营养，以及防止在胃里不能消化的情况发生。

正如有些颜色是由白色和黑色混合而成，同样，有些滋味是由甜和苦混合而成。有几种包含了大小不同的比率，无论它的混合与运动是以数目之比为根据，还是没有限制。能产生快感的混合物就是以数目之比为根据的。

甜是唯一油腻的滋味，咸和苦实际上是同一的，居于甜苦之间的滋味有涩、辣、麻、酸。滋味和颜色在种类上数目大致相等。因两者都各有七种，如果我们把灰色看作是某种黑色，是有道理的，那么剩下的是，黄色可以归属于白色，就像油腻可以归属于甜一样；介于白色和黑色之间的颜色有红色、紫色、绿色、蓝色，其他颜色则是由这些颜色混合而成。正如黑色是由于透明体中缺乏白色一样，同样地，咸和苦是由于营养液中缺乏甜。所有被燃烧过的物体的灰烬之所以味苦，其原因就在于此；因为在它们中可饮用的水分都已经被蒸发。

德谟克里特和大多数讨论过感觉的自然哲学家，持有极其荒谬的观点，因为他们认为所有的感觉对象都是触觉对 442b
象。如果是这样，那么很显然，其他各种感觉都成了某种触觉了；显然，这是不可能的。其次，他们将感觉的共同对象当作是特殊的对象；因为广延、形状、粗糙以及光滑，还有坚硬物体的锋利和钝拙，对于感觉来说乃是共同的，如果不能针对所有感觉，至少对于视觉和触觉是如此。所以，对于这些共同的对象，感觉很容易产生错觉，而对于特有的对象，如颜色之于视觉，声音之于听觉，是不容易产生错觉的。然而有些人则将特有的对象归为共同的对象，如德谟克里特；因为他说过，白色与黑色不过就是粗糙与光滑而已，而且把滋味归于形状。然而不可能有某一种感觉能认识共同的对象，如果有，最有可能的就是视觉。如果味觉更有可能，因为能辨别在各种类中的最细微差别的感觉乃是最为敏感的，那么味觉就应当是最能够感知其他共同对象的，而且也应当是最能辨别形状的感觉。所有的感觉对象都具有相反者，例如在颜色中有白和黑，在滋味中有甜和苦；然而形状似乎并不是某种形状的相反者；因为圆形能和什么样的多边形相反呢？再次，形状是无限的；所以滋味也一定是无限的；为什么一种滋味能引起感觉，而另外的滋味就不能呢？关于味觉和滋味的讨论我们就说到这里；关于滋味的其他属性，我们将在《植物的自然史》[1] 中的适当地方来讨论。

【5】 我们必须以同样的方式来考虑气味；干的东西在湿的东西中所作用的结果，同样地也能为有滋味的液体在其他范围内所产生出来，如在空气中和类似的水中。我们已经

① 这一篇论文没有流传下来。

说过，透明是这些事物的共同特性，但作为嗅觉对象并不是 443a
在透明的意义上所说，而是由于它能够浸泡或冲洗有滋味的干的东西；因为嗅觉现象不仅存在于空气中，而且也存在于水中。对于鱼类和硬壳动物这是很显然的；因为尽管水中没有空气，但它们显然具有嗅觉能力（因为空气只要在水中一产生，就会立刻浮出水面），这样的动物从不吸入空气。如果有人假定空气和水两者都是湿的，那么气味就是有滋味的干燥物在湿的媒介中所表现出来的本性，这样一类事物就是嗅觉对象。这种属性是根源于有滋味的东西，这可以从那些有气味或无气味的事物看清楚；因为这些元素，如火、气、水、土，都是无气味的，无论是干的东西还是湿的东西，如果它们不构成某种混合物，两者就没有滋味。所以海有气味，因为海有滋味和干的成分。盐更比纯碱气味更大，从前者渗出的油就证明了这一点；纯碱主要属于土。石头没有气味，因为它没有滋味，各种树木有气味，因为它们有滋味；湿木头比干木头气味小。在金属中，黄金无气味，因为它没有滋味，而铜和铁则有气味。一旦它们所含的水分被煅烧干，则它们所有的熔渣就会变得没有气味。银和锡比金的气味大，但比铜和铁的气味小；因为它们包含有水。

有些人认为，气味是发散的烟，它是由土和气共同组合而成（的确，所有的人都赞成这种关于气味的观点）。由此，赫拉克利特说过这样的话，如果一切存在的事物都变成了烟，那么鼻子就是识别它们的器官，所有的人都倾向于这样来看待气味，有些人把它看作是雾，有些人则认为是烟，还有一些人则认为是两者的混合，雾是某种湿，而发散的烟正如我们所说过的，是由土和气共同组合而成；前者在凝聚时就会成为水，而后者在凝聚时就会成为某种土。但气味可能根本不是这一切；因为雾是由水构成，发散的烟不可能在
443b 水中生成。然而水生物却具有嗅觉，就像我们以前所说过的。而且这种烟说起来和流射物是相似的。如果后者没有道理，前者也不可能有道理。

很显然，在呼吸中和水中的湿能够吸收有滋味的干的事物的本性，并承受其作用；因为空气也具有湿的本性。再次，如果干能在液体和空气中产生出类似于被冲洗掉的东西，那么很清楚，气味一定类似于滋味。在某些情况下的确是这样；因为气味也有辣、甜、涩、麻以及油腻，有人认为臭类似于苦。所以，这些滋味尝起来是难受的。而臭味嗅起来难闻。水与空气中的气味显然和水中的滋味是同一事物。所以，冷和结冰会使滋味发闷，并使气味消散；因为冷和结冰会抵消刺激与滋味丰富的热。

认为嗅觉对象不存在种类之分，就像有些人所说的那样，是不真实的，嗅觉对象有两类，它们在事实上是存在的。但我们应当弄清楚，在什么意义上存在，以及在什么意义上不存在；有一种气味是和相关的滋味并列的，正如前所说，就这种气味来说，快感和难受是偶性的；因为它们是营养物的属性，当我们饥饿时，这些气味就是诱人的，但对于

那些饱食者以及对食物无所欲求的东西来说，它们并不产生快感，而且，对于那些觉得食物对它们具有难闻气味的动物来说，这种气味也无法产生快感。如前所述，这些气味是好闻还是难闻只是偶性的，所以它们对于所有动物都是共同的；另一种气味则在本性上即是产生快感的，例如鲜花的芳香；因为它们不会在任何程度上促使动物进食，而且它们与欲望没有任何关系，而毋宁说正好相反；斯特拉底斯在嘲笑欧里庇德斯时所说的话是真实的，“不要洒进香水来调理汤味”。那些以这种方式混合饮料的人通过习惯它而迫使感觉 444a 产生快感，直到快感从两种感觉中产生出来，就仿佛它是由一种感觉而生的某一单个的快感。对这种气味的感觉为人所特有，但与滋味相关的气味则能为所有其他动物所感觉。如前所述，这样的气味，由于它的甜是偶性的，故可以依据滋味而分为几种，但前一类则不能分为几种，因为甜或苦乃是在它们本身意义上为其所有的本性。

前一类气味之所以为人所特有，其原因是由于人脑的特殊状态，因为大脑的本性是冷，在血管中围绕着大脑的血稀薄、纯净，而且易于冷却（因此，当这一位置的冷使得食物冷却时，食物的气雾就会导致黏膜炎）。这样一种气味产生出来是为了保护人的健康；这是它的唯一功能。它的这种作用是显而易见的；因为甜的食物，无论是干还是湿，经常是不利于健康的，而那些有气味的在本质上即能产生快感的东西，对任何健康状态的人总是有益的。因此，通过吸气就会产生嗅觉，但并不是所有动物都能如此，只有人和有些有血动物，如四脚动物和那些在更大程度上分有空气本性的动物能如此；由于在气味中的热轻飘，当气味上升至大脑时，在这个位置周围的部分就会因此而更健康；因为气味的潜能就是热的本性。

自然之所以使用吸气是为着两个目的，其一是帮助胸腔，这是它的主要作用；其二是为了能够嗅到气味，因为只有在吸气时，气味才会如同从通道口经过一样，对鼻孔施加作用。对这种气味的嗅觉乃是人的本性，就人的大小比例来说，在一切动物中，人的大脑最大而且最湿润；所以，有人可能会说，在动物中，只有人能够感知并欣赏鲜花以及这一 444b 类事物的气味；因为由这些气味造成的热和刺激与躯体中这一位置上的湿和冷的过度是相当的。而对于其他有肺的动物，自然已经使得它们能够通过吸气感觉到这两种气味中的一种，而不必制造出两个单独的感觉器官来。因为在吸气时，这些动物具有充分的器官来感觉其中的一种气味，就像人有方法去感觉这两种气味一样。但是，不吸气的动物显然也能感觉嗅觉对象；鱼和各种昆虫，由于各种气味与营养相关，它们就能在隔着一段距离的情况下对其特有的食物具有准确的感觉，甚至在极远的距离也能这样；如蜜蜂和各种被人们称为尼伯斯的小蚂蚁，在海生物中，骨螺和许多其他类似的动物就能通过气味感觉其食物。但它们是靠什么器官来感觉的，这一点并不是同样地清楚。因此，有人可能要提问，它们是用什么器官来感觉气味呢，如果嗅觉只在吸气时才能产生的话(这对于所有有呼吸的动物是清楚明白的)？以上所说的那些动物虽然不呼吸，但具有嗅觉，除非除了五种感觉外还有其他感觉，但这是不可能的；因为对气味的感觉是嗅觉，那些动物能感觉气味，但也许并不是以同样的方式，对于有呼吸的动物来说，呼吸会移开蒙在器官上的某种东西，如眼帘（如果它们不呼吸它们就不能感觉气味），而对于那些不呼吸的动物，这些东西总是敞开的；就像那些眼上有眼帘的动物，当眼帘闭合时它们就无法看，而硬眼动物没有眼帘，所以也就无须在眼睛上移开任何东西，只要对象在可见范围之内它们就能直接看到。同样，这样的动物没有一种厌恶那些本身恶臭的事物的气味，除非这样的事物实际上是致命的。这些事物会使它们死亡，同样就像人因为炭气而头痛并常常因此而致死一样；同样其他动物也会因为强烈 445a 的硫黄和沥青的气味而致死，由于这样的属性它们回避这样的事物。但它们并不在乎自身恶臭的气味（许多植物都具有难闻的气味），只要它不对食物的味觉或食用产生影响。这些感觉形成了一个奇数，而奇数总会有一个中间数，嗅觉似乎就是处于那些可触性感觉（例如触觉和味觉）与以别的事物为媒介的感觉（如视觉和听觉）之间的中间性感觉。所以嗅觉对象乃是有营养物质的某种属性（这些属性存在于各种可触摸的对象之中)，而且也是听觉对象和视觉对象的属性。动物是在空气和水中进行嗅觉活动的。所以，对于这两个领域里的动物来说嗅觉对象乃是某种共同的东西，它既属于可触摸的事物，也属于听觉对象和透明体；因此，认为它是干在湿和液体中的浸泡和冲洗是有道理的。关于我们应在多大范围内说到嗅觉对象的种类问题，我们就说到这里。

然而，某些毕达戈拉斯学派的成员所提出的理论是没有道理的，因为他们说有些动物是靠气味获得营养。首先我们应当看到，食物一定是复合体；被营养的动物并不是简单的，因此，无论是在躯体自身内还是在其外，就像植物，都存在着从食物中剩下来的排泄物。甚至仅有水自身，只要它不是混合的也不足以作为食物；一切结合而成的事物都应当是有形体的。认为空气是有形体的观点更无道理可言。此外，所有的动物显然都有一个接受食物的位置，当它一进入，身体就可以从此吸收它；嗅觉器官存在于头部，气味随着呼吸的吸气而进入；所以，气味一定会光临进行呼吸的这一位置。很显然，作为气味的气味无助于营养；然而，无论是从感觉来看还是从我们所说过的来看，它显然对健康有益；所以，一般而论，气味与健康相关，而在营养物中有滋
445b 味的东西则与被营养的东西相关。有关各种感觉器官的说明就到此为止。

【6】 有人可能要问，如果一切物体都可以无限分割，那么感觉对象的属性，如颜色、气味、重、声音、冷、热、轻以及硬和软，也都是可以无限分割的，这是否不可能呢？

因为它们每一种属性都能产生感觉；它们所有的名称都是来自于其刺激感觉的能力。因此感觉一定可以无限分割，一切有广延的东西都是感觉对象；因为我们根本不可能看到一种没有广延的白色。否则，就会存在着某种物体，它既没有颜色，也没有重量，没有任何其他属性，所以它将根本不是感觉对象，因为这些都是能被感知到的属性。如果是这样，所有的感觉对象都是由无法感觉到的部分构成。然而感觉对象的部分必定是可以被感知到的。因为它们并不是由数学对象所构成。再次，我们是凭借着什么来辨别和认识这些呢？是不是通过心灵呢？但心灵不会去思考它们，心灵不会去思维任何与感觉毫无联系的外在对象。同时，如果情况就是这样，它似乎就有助于原子论的观点，那么问题就可以以这样的方式得到解决。但这是不可能的。这一点我们已经在关于运动的论文中讨论过了①。这个问题的解决会使这一问题变得清楚明白，即，各种颜色、滋味、声音以及其他感觉对象是因为什么原因而受到限制。因为在两个极端之间的各种事物中，中间的状态必定要受到限制。相反者是极端。所有的感觉对象都包含有相反者，如在颜色中有白和黑，在滋味中有甜和苦；在其他所有感觉对象中相反者都是极端。连续性的事物可以被分割成无限不相等的部分，然而可以分割成有限的相等的部分；而自身并不是连续性的事物可以被分割成

① 见《物理学》，第六卷，【1】，【2】。

有限个种类。我们所说的这些属性就可以被看作是种类，连续性总是存在于这样的事物之中，我们必须要说潜能和现实之间的差别；由于这个原因，所以当我们观看一粒谷子时，
446a 它所包含的万分之一的部分却不能被看见，虽然它完全处于我们的视觉范围之内，虽然我们能听见整个连续性的音阶，但我们注意不到四音符的声音；在两个极端之间的音程也会不为我们所注意。对于其他感觉对象中的微小性质也同样如此；当他们不和整体分离时，它们潜在地是可见的，但在现实上则不能；一步的长度潜在地存在于两步的长度之中，但只有当它和整体分离后才现实地存在。这种微小的增加物，当它们被分离后，就会完全融合到周围的环境之中去，这就像有滋味的微小水滴被注入大海中的情形一样。但认识到这一点是十分重要的，即由于感觉的增加并不能成为它本身的感觉对象，也不能够分离（因为它只能潜在地存在于更确定的能感觉的整体之中），所以当其与整体分离时，就不可能 现实地去感知其相关的微小的感觉对象，但它是感觉对象；因为它已经潜在地是这样，而且也将通过聚合而现实地是这样。这就说明了有些广延和属性并没有为我们所察觉，我们已经解释过这个原因是什么，以及在什么意义上它们是感觉对象，在什么意义上它们不是感觉对象。所以，一旦它们在聚合体中相互联系着，以便不仅在整体中，而且在分离的部分中，能够成为现实的感觉对象，这就会得出，它们的颜色、滋味和声音在数目上一定是有限制的。

有人可能会问，这些感觉对象或通过感觉对象而引发的运动（无论感觉是以哪一种方式发生），当它们是现实的时候，是否应当先抵达中间点呢，就像气味和声音似乎发生的那样？因为与气味愈近，就会愈快地感觉到它，在击打发生后，击打的声音就会传入我们耳内，这是否对于视觉对象和光也是一样呢？例如，恩培多克勒就说过，阳光在进入视野或到达大地之前，要先到达中间点。这似乎较合理地解释了所发生的事情；因为所运动的东西是从一个地方被运动到另一个地方，所以一定存在着某一段时间，在这段时间中，它从某一点被运动到另一点；所有时间都可以分割，所以，当 446b 我们还没有看到光，但光线正运动着到了中间点，那么就已经过去一段时间了。甚至即使在听和已听到，一般地说，在感觉和已经感觉到是同时的，它自身并不带有任何生成过程，它的发生没有任何生成过程，然而这一段时间也仍然存在着，这就仿佛虽然产生声音的碰击已经被撞击过了，但这声音还没有为我们所听见。——字母的变化便证明了这一点，即，某种运动发生在中间位置上；听者为什么没有听见所说的话，其原因是由于朝他运动的空气发生了某种变化，——对于颜色和光是不是也一样呢？因为这不可能是真的，即一个在看，另一个则被看见，乃是由于两者处于某种关系之中，例如相等关系；如果是那样，那么对于它们各自来说就没有必要处于某种特殊位置；当事物相等时，它们相互间是更近或更远都无关紧要。认为这对于声音和气味同样如此是有道理的；正如它们的媒介空气和水一样，它们是连续的，但是两者的运动可以分成一些部分。因此，在一种意义上最开初的人和最后的人所听的与嗅的是同一事物，在另一种意义上则不是。对此，似乎还存在着某种疑问；他们说一个人不可能和另一个人听到或看到或嗅到同一事物；对于多个分离的人来说，他们不可能听到或嗅到同一事物；如果这样，某单一事物就会与其自身相分离。运动的第一原因，例如铃声、芳香或火，所有的人都能感觉到它们，它们各自是同一的，在数目上是一，然而，对于特殊的感觉对象，人们感觉起来在数目上则是不同的，尽管它完全是同一的，因为多个感觉者是在同时去看或嗅或听。这些并不是物体，而是某种属性或运动（否则，这种结果就不会是它所是的事物），虽然它们含有物体的意义。

关于光，其情况有所不同；因为光是由于某物的存在，它并非某种运动。一般说来状态的变化和位移是不同的；位移在抵达目的地之前先要经过其中间位置（声音就被认为是
447a
某种作位移运动的事物），而对于发生状态变化的事物，则并非如此；因为状态的变化可能是突然发生的，而无须首先完成一半，例如，水的所有部分同时结冰。但如果变热或结冰的物体特别大，那么它的每个部分都会受到邻近部分的影响，而第一部分的变化就是由造成这种状态变化的原因自身所引起，整体并不必同时或突然发生变化。如果我们生活在水中，那么尝和嗅是相同的，在发生接触之前可以隔着一段

距离去感觉。这是有道理的，即在感觉器官与对象之间存在着媒介的地方，那些部分并不是同时都遭受到作用，除非相对于光，这个原因我们已经说明过了。对于视觉也是由于同样的原因；因为光造成视觉。

【7】 还有另一个问题涉及感觉，是否能在同一个不可分割的时间里感觉两个事物呢，如果较强的刺激总是超过较弱的刺激；这就说明了，当人们正在深思或恐惧或听到极大的声音时，人们为何感觉不到眼前的事物。我们先设定这一点，并且假定作为简单存在的个别对象要比其成分是混合的个别对象更容易被感知，例如，和品尝混合酒的滋味比起来，品尝纯酒的滋味更容易，对于蜂蜜和颜色也是这样，辨别单一的音调要比辨别和音容易，因为后者容易相互混淆。对于整体是由其构成的那些个别事物来说就会造成这样的结果。如果较强的刺激超过较弱的刺激，当两者同时发生时，较强的刺激要比当只有较强者自身时更难以被感觉到；因为与它相混的较弱的刺激已经削弱了某种东西，所有单纯的事物都更容易成为感觉对象。如果两种刺激程度相等但不同类，那么这两者中任何一种的感觉都不会存在。两者会对等地互相削弱相混。这样就不可能感知单纯的任何一方。所以，要么根本没有任何感觉，要么存在着由两者混合而成的不同的感觉。后者似乎是两事物相混合而成的结果。有些刺激产生出复合感觉，有些刺激则不能产生；后一种是属于不

447b 同感觉范围的事物（因为混合的事物，其两端是相反者；一个混合体不能由白色和高构成，除非在偶性的意义上，它应当像和声那样是由高音和低音构成）；所以要同时感觉它们是不可能的。如果刺激的程度相等，那么它们就会互相削弱相混，因为没有一种刺激是由它们产生出来；如果不相等，则较强的刺激将引起感觉。再次，灵魂将更容易用同一感觉活动去感觉属于同一感觉范围内的两件事物，例如高和低；属于同一感觉范围的那些刺激比属于两个不同范围的刺激，如视觉和听觉，更容易同时进行。

但凭借着同一种感觉活动，不可能同时感知两个对象，除非它们是混合在一起的；混合体有助于作为一个对象，对一个对象的感觉是一，一与它自身是同时的。所以对混合体的感觉一定是同时的，我们感觉它们是凭借着一种现实的感觉；在数目上为一的对象，其感觉在现实上是一种，而在种类上为一的对象，其感觉仅仅在潜能上是一种。如果现实的感觉是一种，它便会宣称其对象为一。所以它们一定是被混合在一起的。当它们没有混合时，现实的感觉便是两种。但是，就单一的能力来说，在一不可分割的时间中，现实的感觉必定是单一的；在一瞬间中的刺激和能力的使用必定是一种，这种能力也仅仅是一种。所以不可能凭借一种感觉同时感知两个对象。而且，如果不可能在同时感知属于同一感觉范围的两个对象的话，那么显然更不可能在同时感知属于两种感觉范围的两个对象，如白和甜。一方面似乎在灵魂凭借着同时的感觉而断言在数目上是一时，另一方面它又凭借着感觉的辨别能力及其方法而断言在种类上是一。我的意思是指这一点，是同一种感觉辨别白和黑，虽然它们在种类上是不同的；由自身同一但和前者不同的感觉辨别甜和苦；但它们在感觉各自的相反者的方式上是不同的，然而在感觉各自范围内的性质的方式上是相同的，例如，和味觉感觉甜一样，视觉也是同样地感觉白；就像后者感觉黑一样，前者也同样地感觉苦。

此外，如果相反者的刺激也是相反的，如果相反者不可能同时依存于一个同一的不可分割的事物，而且如果相反者属于同一种感觉，如甜和苦，那么就不可能同时感觉到这些相反者。同样，很显然，那些不是相反者的事物也不能同时被感知；因为有些颜色与白同类，有些与黑同类，对于其他感觉对象也同样如此，例如，有些滋味与甜同类，有些与苦同类。人们不可能同时感知混合体中的构成部分（因为它们是对立者的比率，例如八度和音与五度和音），除非它们是作为一个整体而被感觉。在这一方面两个极端者的比率就成为一，但在另一方面则不能成为一；因为我们将有多对少，或奇数对偶数的比率，而且也将有少对多或偶数对奇数的比率。如果那些所谓相应的但在种类上不同的对象（例如甜和白是相应的，虽然它们在种类上不同）比起同种类的事物，其相互间的关系更间接，差别更大，而且在形式上甜和黑的差别要比甜和白的差别更大，和属于同种类的事物①比较起来，人们更不可能去同时感觉它们②。所以，如果前者不可能，后者当然也不可能。

有些研究和声的人断言，那些被合成的声音不可能同时到达我们，它们仅仅只是显得如此，但人们难以发现，因为相互所包含的时间间隔小到了无法感觉的程度。这种说法是否正确呢？照此推论，有人也许会马上说，这就是我们似乎同时看见和听见的原因，因为间隔的时间难以为我们所发现。也许这并不正确，不可能任何时间都不能感觉和难以发现；任何瞬间都可能被感觉到。因为如果当一个人在连续的时间里感觉到了他自身或任何别的东西，他就不可能觉察不到他的存在，如果在连续的时间内所存在的时间短暂到了无法感知的程度，那么很显然，在这一瞬间里，他将觉察不到他自己的存在，觉察不到他在看、他在感觉；如果他仍然去感觉，那也不可能存在他感觉时的对象和时间，除非是在这样的意义上，即他在某一段时间里看或看到对象的某一部分，这样，如果存在某种大小，无论是时间还是对象，由于太过微小而无法被感知；因为如果有人在同一的连续的时间里看见并感觉到了整线，可以说他是在这一时间的某部分中这样，在一段他什么也感觉不到的时间中，我们从整线AB上分割下一个部分CB。然后，他在这一时间的某个部分中

① 如白和黑。

② 如甜和黑。

感觉，或感觉到了整线的一个部分，这就好像说，人是通过看大地的某个部分而看整个大地，或者通过在一年的某部分中散步而行走了一年。但是这要设定在CB部分中他什么也没有感觉到。这样我们就可以说他在整个时间里看见了整条线AB，因为他在这一时间的某一部分中看见了整线的一个部分。同样的论证也适用于AC部分；因为人们总是可以在时间的某一部分感觉对象的一个部分，而且他绝不可能感觉到整体。所以，所有的广延都是感觉的对象，只是它们的大小不像所显示的那个样子；例如有人看见了太阳的大小或六步长的距离，但它们实际的大小并不像所显示的那样，有时它看起来的确是不可分割的，但我们看到的事物并非真正不可分割。这个原因我们已经在涉及这个问题时说明过了[①]。由此可见，并不存在任何不可以感觉的时间。

但是，我们现在必须回到前面所提到的这个问题上来，即，同时感觉多个对象是否可能。“同时”我是指具有相互关系的几件事物处于单一的不可分割的时间中。首先，凭借着灵魂的不同部分，而不是不可分割的部分，在一不可分割的形成一个连续性整体的时间里，同时感觉多个对象是否可能呢？或者，首先它是否意味着，就单一的感觉来说，例如视觉，如果灵魂用一个部分感觉一种颜色，用另一个部分感觉另一种颜色，它是否会拥有在种类上相同的许多部分呢？

---

① 见$445^{b}11$。

因为它所感觉的对象，存在于同样的种类中。如果有人主张，没有什么能妨碍在灵魂中存在两个同样的部分，就像眼睛有两只一样，那么我们将要说，某一器官可以由两只眼睛构成，但它们的实际作用只有一种；如果是这样，就两者构成一种器官来说，感觉的主体也是一；一旦它们分离开，那么它们的相同性就会不复存在。而且，同样的感觉将会变得繁多，就仿佛人们说到知识的不同分支那样。因为离开它特
449a 有的功能就不会产生任何活动，而没有任何活动就不会有感觉。

如果在单一的不可分割的时间里不能感觉这些事物，很显然，对于其他情况也同样如此；因为和感觉到种类上不同的某些事物比较起来，同时感觉多个对象更有可能。如果灵魂是用一个部分感觉甜，用另一个部分感觉白，那么由它们构成的事物或者是一个，或者不是一个。但它一定是一个，因为感觉能力是一种。一种感觉能力会感觉一种什么对象呢？因为确实没有什么对象是由它们构成[①]。如前所述，灵魂一定有某个部分，凭借着它灵魂感觉所有事物，虽然它是用不同部分感觉不同对象。那么，感觉甜和白的功能，当其在作用上不可分割时是否是一种，而当其在作用上可分割时是否又是不同的了呢？对于那些感觉对象是可能的东西，对于灵魂也同样是可能的。因为在数目上是一的同一个对象可

① 即像白和甜这样的异质对象。

以既是白的又是甜的，而且还可以有许多其他性质，如果这些属性不是相互分离的话（但它们每一个在存在上是不同的）。所以我们必须假定，对于灵魂也同样如此，感觉的一般功能在数目上是同一的，但它们在存在上是不同的；有时是相对于在种上的对象不同，有时是相对于在属上的对象不同。所以，用在数目上同一但在定义上不同一的功能可以同时感觉在数目上不同的对象。

很显然，所有感觉对象都有广延，而且没有什么感觉对象是不可以分割的。无法看见对象时的距离是不确定的，而能看见对象的距离则是确定的。就嗅觉对象、听觉对象以及其他不通过接触而被感知的对象来说也同样如此。在一段距离之间，存在着某一边缘区域，人们看不见它的最末端但看得见它的最前端。如果某一对象存在于这一范围内，人们无法感觉它，而如果它稍微靠近便一定能被感觉到，那么这个点一定是不可分割的。如果存在着某一不可分割的感觉对象，当其被置于这一限定的点上时（即不能看见其最末端但能看见其最前端），它就会既能被看见，又不能被看见；但这是不可能的。

关于感觉器官和感觉对象，它们的一般特点或每一种感 449b
觉器官的特点，我们已经讨论过了。在所剩下的问题中，我们必须首先来考察记忆和回忆。

论记忆

秦典华 译

* peri Mnemees kai anamneseoos　据《洛布古典丛书》希腊本文。

【1】 我们现在来讨论记忆与记忆力是什么，它是由于什么原因而发生，以及这种属性和回忆是属于灵魂的哪一个部分。因为记性好的人与那些善于回忆者是不同的，事实上，就一般情况而论，头脑迟钝的人记性好，而那些头脑伶俐和会学习的人则在回忆方面略胜一筹。 449b4

首先，我们必须弄明白哪些事物是记忆的对象；因为在这一点上人们经常发生错误。将来是不可能记忆的，因为将来是猜想和希冀的对象（甚至会有某种有关希冀的知识，如有些人认为存在着有关预测的知识）；对现在也无可记忆，而只能感觉，因为对将来和过去我们都无法靠感觉来认识，只有对现在才能这样。记忆属于过去，而对当下的现在则无法记忆，例如，人们无法记忆一个正在被看到的白色物体；同样也无法记忆一个正在被现实地沉思和思考的思辨对象。一个人只能说他能感觉前者，认识后者。可是当一个人拥有的知识或感觉并不是现实的时候，那么他就可以回忆（如三角形内角和等于两直角）：在前一种情况下他已经学习或思考过，在后一种情况下他曾以某种其他类似的方式听见过或者看见过；因为当一个人正在现实地记忆时，他总是在心里说，以前他就听见过，或感觉过，或思考过它。

所以，记忆既不是感觉也不是判断，而是当时间流逝后它们的某种状态或影响。人们不可能在此刻记忆此刻的事物，正如前面所说的那样，感觉属于现在，希冀属于将来，记忆属于过去。因此，所有记忆都表明着时间的逝去。所以，只有那些能意识到时间的动物才有记忆，并且它们是凭借着感知时间的器官来记忆的。

我们已经在《论灵魂》[1] 中讨论过想象。离开了精神影像就不可能思想。在思维中和在画图中具有同样的属性；如
450a 果是这样，虽然我们没有利用三角形的大小是一限量这一事实，但我们还是把它画成具有一定限量。同样当人们思考时，虽然他并没有思考某一限量，但他还是把这一限量放在自己的眼前，尽管他并没有这样去想它。甚至如果某物的本性是量，但却不确定，然而他还是将其当作一确定的量放在眼前，尽管他仅仅只是把它思想成一个量。为什么离开了连续性就不可能思考任何事物，或者为什么在不借助于时间的情况下就不能思考非时间性的事物，都属于另外的问题。人必然是靠认识时间的能力去认识广延和运动，影像乃是感觉能力的共同属性。对于它们的认识属于第一种感觉能力。记忆和思维对象也都不能离开精神影像而存在。所以它在偶性意义上属于思维能力，但在本质上属于第一感觉能力。所以记忆不仅为人类以及拥有意见和思想的事物所拥有，而且也为某些其他动物所拥有。如果它是理智能力的某一部分，那它就不会为许多其他种类的动物所拥有，可能它不会为任何有死的动物所拥有。即便上述情形成立，它也不会为全部

① 见《论灵魂》，第三卷，【7】。

动物所拥有，因为并非所有动物都能感觉到时间；因为，正如我们前面说过的那样，每当一个人现实地记忆起他曾看见过、听见过或学习过某事物时，他总会附带地意识到他以前就这样经历过；而“以前”或“以后”是与时间相关的。

很显然，记忆和想象属于灵魂的同一部分；所有可以记忆的对象在本质上都是想象的对象，而那些必然包含想象的事物则是偶然地成为记忆的对象。有人也许会问，人们如何记住并不在场的事物，因为所出现的只不过是其影响而已，而事实则并不在场。很明显，人们必须在灵魂中，在包含灵魂的肉体的部分中，由于感觉所激起的影响，而思想成一种画面，这样的影响，我们就称其为记忆的最后状态；所产生的刺激要留下某种和感觉相似的印象，就像人们用图章戒指盖印一样。所以某些人由于残疾或年老，即使有强烈的刺激记忆也不会发生，对他们就仿佛用刺激或图章去拍击流动的水一样；而另外一些人则由于类似建筑物旧墙一般的磨损，或由于接受面的坚硬，印痕难以透入。由于这个原因特别年幼的人和老年人都没有好记忆；他们均处于一种流变的状态中，年幼者是因为他们在成长，年老者是由于他们在衰老。同样，头脑敏捷和头脑笨拙的人似乎也没有好记忆；前者过于湿，而后者又过于硬；对于前者，图像无法保存在灵魂中，对于后者则根本没有什么印痕。

如果记忆当真是以这种方式发生的，那么人所记忆的是这种影响呢，还是产生这种影响的那个原初事物？如果是前者，那我们就不可能记住任何不在场的东西；如果是后者，我们又怎样来记住我们并没有感知的不在场的事物呢？虽然我们感知到了那种影响。如果在我们自身之内有某种类似于印痕或图像的东西，那为什么正好对这一事物的感知成为了对别的事物的记忆，而不是关于它本身的记忆呢？因为当一个人运用其记忆时，这一影响正好是他所思考所感知的。人们又如何记住那不在场的事物呢？这表明人们亦能看到或听见不在场的事物。这在某种意义上难道不是可能的而且还确实发生了吗？正像画在画板上的画既是画又是肖像，虽然这两者是同一的，但它们的本质却不同，我们可以把它想成既是画又是肖像，同样，对于我们内部的精神影像，我们也应当把它们既看成是在本性上的思辨对象，也看作是其他事物的精神影像。在我们就其自身来考察时，它是思辨对象或精神影像，当我们就其与别的事物的关系，例如相似物，来加以考察时，它就是记忆力的辅助物。所以，当它的刺激发生作用时，如果灵魂将其作为一种独立的东西来感觉这个印象，它似乎就是作为思想或精神影像而发生的；但如果是相对于其他事物来考虑它，就仿佛一个人把画中的一个形象看作是一个肖像，比如看作是克里斯库的肖像，虽然他并没有真正见到克里斯库。如果是这样，由思辨所引起的影响就有
451a 别于当人们把对象仅仅思想成图画时所引起的影响，所以在灵魂中一个对象仅只是作为一种思想，而另一方面则是作为相似物而成为记忆的辅助品。由于这个原因，当这样的刺激

由于早先的感觉在我们灵魂中时，我们并不知道这一现象是否由于感觉，我们会怀疑它是不是记忆；但是有时我们碰巧想起或记起我们先前听见过或看见过这一事物。当我们开初对某物就其自身来思想它，然后开始变化并作为某种别的事物来思想它时，这种情况就会发生。相反的情况也会发生，就像对奥列乌斯的安提费罗和其他精神病人所发生的那样；因为他们在谈论精神影像时就仿佛它们真的存在似的，而且仿佛他们真记住了它们。当有人把不是相似物的东西看作是相似物时这种情况就会发生。记忆术旨在通过反复提醒而保存有关事物的记忆；这只需要把某一对象当作相似物而多次思考，而不是把它作为独立的东西来看待。

我们已经解释了记忆和记忆力是什么；它是由精神影像而导致的一种状态，作为一种相似物而与影像相似物相关的一种状态；记忆属于我们的哪一个部分呢？它属于第一感觉能力，即我们由以感知时间的能力。

【2】 现在我们来讨论回忆。首先我们必须把前面已经论证为真的东西当作我们的基础。回忆既不是记忆的恢复，也不是记忆的获得；当一个人初次学习或接受某种感官印象时，还不存在什么记忆的恢复（因为以前什么也没有），也没有在一开始就获得它；只是当产生了那种状态或影响时才会有记忆。所以记忆不可能在影响刚产生时就形成。还有，一旦影响在个体和终极感觉器官里被完全地激起时，这种影

响或知识就已经出现在受影响的主体之中了，如果我们能把这种状态或影响称为知识的话（因为没有任何事物能够妨碍我们去偶然地记忆某些知识的对象）；但是时间不成为过去，在本质意义上的记忆就不可能发生；因为人是在现在记起过去所看见过或遭受过的事情的；他在现在不能记忆他在现在
451b 正经历的事情。还有，很显然，人们可以记住那些在当时没有回忆起来的但却是他所一直感觉过或他所遭受过的事情。但是当一个人记起先前的某一知识或感觉或我们在前面作为记忆而描述过的持续性的状态，这时的这种过程就是对于上述某种对象的回忆。回忆的过程蕴含了记忆，并且记忆伴随着回忆。笼统地说回忆是对先前即存在于我们之内的某事物的重新引入是不正确的；在某种意义上这种说法是正确的，在另外的意义上则不正确。因为同一个人完全可能两次学习或发现同一事物。因此回忆一定是与这些行为有所不同，它必定包含有某一在我们起先所学习的东西之外的不同的原则。

当一个刺激自然地接着另一个刺激时回忆就会产生；如果这种连续出自必然，那么很清楚，只要经历了一次刺激他就要经历另一次刺激；但如果它并不是出自必然，而只是由于习惯，那么在正常情况下第二次经历也会跟着发生。但会发生这种情况，即从一次经历而来的刺激要比从多次经历而来的刺激更容易为我们所习惯；所以我们对只见过一次的事情却比那些被见过多次的事情还要记得牢。我们在回忆时，

就是在经历先前的某种刺激，直至最后我们经历了这一刺激，在它之后惯常所产生的即是我们所需要的刺激。这就是我们要按顺序跟踪线索的原因，而在思想中则由现在出发，或者从某个其他的概念出发，或者从与我们所需要的东西相同或相反或联系紧密的事物出发。回忆是怎样发生的，其原因也就在此；由于从这些经验而来的刺激有时与我们所需要的刺激相同，有时是与我们所需要的刺激同时发生，有时则构成它们的一个部分，所以，在此之后我们所经历的剩余部分就要相对小一些。

人们就是这样试图回忆的，而且人们也正是这样来回忆的，尽管他们并没有试图这样做，即，在一个刺激发生后另一个则跟着发生。一般说来，当其他的刺激，如我们所提到的，被首先激发起来时，紧接着的就是个别的刺激相跟随。我们没有必要考察一个起点和终点相距很远的序列，以搞清楚我们是如何记忆的，而只需要考察它们彼此相距很近的序列；因为很显然在两种情况下其方法是相同的，我所指的是以下的一系列连续性过程，而非先前的需要和回忆。因为习惯使得刺激以某种顺序相互跟随。当人们要回忆任何事情时，那么这就是他所要做的事情；他将试图找到一个刺激的起点，而这又将导致到他所需要的刺激上来。这就是当人们 452a
从一个序列的起点开始时他们能够最迅速最成功地发生回忆行为的原因。这就仿佛在一个有秩序的序列里对象彼此相联系一样，刺激也是如此。那些按一定规则排列的事物，如数学问题，是最容易回忆的；排列不规则的事物回忆起来就相当困难。回忆和重新学习的区别就在于此。如果是回忆，一个人就总能依靠自己的努力，以某种方式获得进展，以达到起点以后的下一步。如果他不能依靠自己做到这一点，而只能通过其他力量，他就不再有记忆了。

经常发生的情形是，一个人在当时不能够回忆，但通过研究却能做到这一点，并发现他所需要的东西。这之所以能够发生，就在于他引发出许多刺激，直至找到最后的这一刺激，它将引发到他所需要的对象上来。因为记忆就存在于具有强烈刺激之心灵的潜能存在之中；而这刺激，就像前面说过的，是以这样一种方式使主体由他自己而受到刺激，以及由包含于他自身之内的刺激而引起。但是人须获得一个出发点。这就是有些人在回忆时要从“地点”开始的原因。这也就是他们能迅速地从一点到另一点上去的原因，例如从牛奶想到白色，从白色到空气，从空气到潮湿，由潮湿人们便记起了秋天，如果这就是他所想回忆起来的季节的话。一般来说，中间环节似乎是由以开始的好出发点；因为一旦想到这一点，他就会回忆，如果在这之前他未能到达这一点的话，否则他就无法相互地回忆，如，假定一个人想着 ABCDEFGH 这样一个序列；如果他不能回忆起在 A 点上所需要的东西，他却能回忆起在 E 点上所需要的东西，因为从这点出发可以朝两个方向运动，即或者向 D 或者向 F。如果他不想要其中之一，而是要 G 和 H 的话，他可以通过过渡到 F

来记忆。如果不是，他可以过渡到 D。以这种方式总会获得成功。尽管我们从同一点出发，我们有时能回忆起来有时却不能回忆起来的原因，就在于从同一个出发点可以向多个点移动，例如从 C 就可以径直到达 F 或只到达 D。

如果一个人不是按旧有的方式动，那他就会更倾向于按照习惯动；因为习惯取代了自然。因此我们能够很快地记起经常萦绕在我们思想中的事物；因为正像在自然中一个事物跟随着另一个事物一样，这些现实的刺激也是如此；反复出 452b
现乃是自然所为。在纯自然现象中有时事情的发生与自然相反，并且是出于偶然，在习惯中的事物就更是如此，自然这个词并不在同一意义上为习惯所拥有。所以心灵有时不仅被迫在需要的方向上移动，而且也在其他方向移动，特别是在某物使它逆转并使其转向于自身的时候。为什么我们想起一个名称时却记起了一个与其相似的名称，但我们想要知道的那个名称却不能准确说出来，其原因就在于此。回忆也是以这种方式发生的。

但最重要的是要认识时间，或者是精确的或者是不确定的。假定一个人拥有一种能力，能区别时间的多少；认为我们能像区别广延一样来区别这些是有道理的。因为心灵并不会通过将自己伸展到遥远的地方而思维远处的庞大物体，正如有些人说到视觉一样（即使它们并不在那里，心灵也会照样去思维它们），但他可以通过成比例的精神刺激来思维它们；在心灵中存在着同样的图形和运动。当心灵在思维庞大事物时，与它思维微小事物的差别又在哪里呢？所有的内部事物都更微小，就仿佛它与外部事物成一定比例似的。也许，正像我们所假定的，在人的内部存在某种东西与外界对象的形式是成比例的，我们可以假定有些事物与它们的距离也有着同样比例。举例来说，如果一个人经历了 AB、BE 的刺激，他就可以想象到 CD；因为 AC 比 CD 与 AB 比 BE 的比率是相同的。为什么他想象的是 CD 而不是 FG 呢？一定是因为 AC 比 AB 有着和 H 比 I 同样的比率。所以他同时拥有这些刺激。可是如果他要想象 FG，他就要记住 BE，如果不用 H 比 I，他就要思考 K 比 L；因为它们与 FA 比 BA 有着同样的关系。

所以当属于事实的以及属于时间的刺激同时发生时，人才会现实地记忆。如果一个人认为他经历了这些刺激但实际上并没有经历，他就认为他在记忆；因为没有任何东西能够妨碍一个人在这种事情上不受欺骗，以及妨碍他在自己并没有记忆时假定他在记忆。但当一个人在现实地记忆时，他就不能假定自己没在记忆，也不可能在对记忆没有意识的情况下去记忆。因为正像我们看到的那样，记忆在本质上包含有意识。但是如果只有属于事实而没有属于时间的刺激，或者相反，人们都不可能记忆。

属于时间的刺激有两种。有时人们记起某一事实但对时
453a 间却没有准确的估量，比如说在前天他做了某某事，而有时对时间有准确的估量。即使对时间没有准确的估量，那也仍

然是一种记忆行为。当人们不知道时间的确实长度时，他们已经习惯于说他们记住了某一事件，但却不知道它是何时发生的。

我们在前面说过，记性好的人与那些善于回忆的人并不相同。回忆不同于记忆并非只在时间上，而且还在于，许多其他动物也拥有记忆，但是在已知的动物中；除人以外都不能回忆。这是因为回忆可以看作是某种推理；因为当人们在回忆时他是在推断他以前曾看见过或听见过或经历过的某类事情，这一过程便是一种寻求。这种能力在本性上只能属于那些拥有思虑能力的动物；因为思虑也是一种推理。

经验在某种意义上是生理上的，回忆乃是因为精神影像而在生理范围内所作的寻求，这可以从人们因为以下事情所表现出来的烦恼来证明，即当有些人花费了极大注意力还是不能记忆时，或者当他们放弃了回忆的企图时仍然如此，特别是在性情抑郁的人那里表现得尤为明显；因为这些事情要受到精神影像的极大影响。回忆之所以不在他们的能力范围内，其原因就像人们将石头扔出去后，石头就已经脱离了人们控制它的能力范围了，所以那些努力回忆和探寻的人让身体的某一部分运动起来，而这种影响就存在于这一部分之中。障碍最大的是那些在敏感部位四周湿润的人；因为湿润一旦启动就不容易停息下来，除非那被寻求的对象能够重新出现以及这种刺激伴随着某一直接过程。也正是因为这个原因，一旦脾气或恐惧突然产生，它们就不易止息，甚至当人们准备作相反方向的努力也是徒劳，尽管有这些努力原来的情况也依然照旧。这种影响就仿佛，当我们一直不断地念叨着名称、曲调和格言，相对于它们就会发生这种情况；虽然我们放弃了这种习惯但并不想向它屈服，但我们还是发现自己在继续不断地唱着或说着那些熟悉的声音。

矮子和那些身体上部长得大的人跟那些与他们相反的人 453b 比较起来记忆力要更差一些，因为他们给自己的感觉器官增加了过重的负担，并且他们的刺激从一开始就不能保持其方向，而是被四处分散，而且在回忆时他们不容易直线式地进行。特别年幼和特别年老的人记忆力差是因为伴随着他们的运动，因为后者处于迅速衰老的状况，而前者则在迅速成长。而且儿童身材矮小，一直到成年这种状态才会改变。

关于记忆和记忆力，它们的本质是什么，动物是用灵魂的哪一部分来记忆，我们就论述到这里；此外还有回忆，它是什么，它是如何发生的以及是由于什么原因，我们就讨论到这里。

论睡眠

秦典华 译

* peri Hupnou kai egregorseoos　据《洛布古典丛书》希腊本文。

【1】 有关睡眠和觉醒，我们必须要考虑这样一些问 453b11
题：它们是什么？它们是否为灵魂或者肉体所特有？抑或为两者所共有？如果属于两者共有，那么它们属于灵魂或肉体的哪一个部分呢？它们是由于什么原因而为动物所拥有呢？是否所有动物都拥有这两者，或者有些动物仅只有睡眠，而有些动物仅只有觉醒，或者有些动物两者都不分有，而有些动物则拥有这两者呢？另外，梦又是什么呢？在睡眠时为什么人们有时做梦有时又不做梦呢？或者是否人们在睡着时总是在做梦，但有时却记不起他们所做的梦来呢？如果情况是这样，那么这又是因为什么原因而发生的呢？预见未来是可能的还是不可能的呢？如果可能又以什么样的方式呢？再有，它是否只能包括那些人们已完成了的事情，或者也能包括那些由超人力量所引起的事情和自然产生或自发产生的事情呢？

首先，这是非常明显的，即觉醒和睡眠属于动物的同一个部分；因为它们是一对对立物，显然睡眠乃是觉醒的缺失；在自然事物中，在所有其他情况下，人们可以看到相反者自身总是出现在同一主体之中，而且是同一事物的属性；
我说的是例如健康和疾病，美丽和丑陋，强劲和柔弱，明和 454a
盲，聪和聋。从以下事实来看这也是一目了然的。我们知道一个人醒着，和我们知道一个人睡着了，这两者所凭借的标准是同一的；因为我们认为一个有感觉的人就是醒着的，任何觉醒的人都能感觉到某些刺激，无论是外在的还是内在的刺激。如果觉醒除了有感觉活动外别无所有，很显然，动物就是凭此而感觉，当它们醒着时它们就是觉醒状态，当它们睡着时它们就是睡眠状态。

由于感知既不为灵魂也不为肉体所特有（因为潜在能力和其实现活动依存于同一主体，所谓感觉，作为实现活动，乃是经由肉体的灵魂的运动），很显然，这种属性[①]并不为灵魂所独有，无灵魂的肉体也不能去感知。

在其他地方[②]我们先前已经对灵魂的部分进行过区分，在一切有生命的躯体中，营养的部分可以和其他部分分离而独立存在，相反其他部分则不能离开营养部分而独立存在。很显然，仅仅分有生长和衰老特性的生物，如植物，是不可能有睡眠和觉醒的；因为它们并没有感觉的部分，无论这个部分能分离存在还是不能分离存在。当然，在潜能上和存在上它是能分离存在的。

同样明显的是，也不可能有什么动物总是醒着或始终睡着，而是这两种属性都属于同样的动物；因为有感觉的动物不可能既无睡眠也无觉醒；这两种属性都属于第一感觉功能的感觉。无论是睡眠还是觉醒都不可能总是依存于同一动物，例如不可能有某种动物永久地睡眠或永久地觉醒。所有具有某种自然能力的部分，一旦超过了实现它们能力的期限

① 即睡眠。

② 见 432^a15。

就必然会丧失其能力；例如，眼睛就必然会倦于看，而且停止去看，对手和任何其他具有某一功能的部分也都同样如此。如果感觉是某部分的功能，如果它超过了连续感觉能力的适当期限，那么这也会使其丧失能力并且不再实现其能力。所以如果以感觉的自由来限定觉醒，若在两个相反者中 454b 其一必然出现，另一则不出现，而且，如果觉醒是睡眠的相反者，如果其一或另一必然依存于所有动物，那么睡眠就是必然的。所以，如果这种属性是睡眠，那么这便是由于过度的觉醒而产生的无能力状态，过度的觉醒有时是因疾病引起，有时则并不是由疾病引起，这对于无能力状态或休息状态也同样合适，一切醒着的事物一定能睡着；因为它不可能总是处于活动的状态。同样也没有任何事物总是睡着。因为睡眠乃是感觉部分的某种属性，有如某种桎梏或不能运动的东西；所以，所有有睡眠的动物一定具有感觉的部分。但只有那些能够现实地感知的东西才具有感觉能力；在严格的和绝对的意义上说，在睡眠时是不可能存在实现的感觉。所以，所有的睡眠都一定会觉醒过来。

几乎所有其他动物都显然分有睡眠，无论是水栖的，翼生的，或是陆生的（因此我们可以看到各种鱼类，软体动物，还有各种其他有眼动物都有睡眠；很显然，甚至硬眼动物和昆虫都要安眠，只是这些动物仅睡眠极短暂的时间，以至于人们可能常常要怀疑它们是否分有睡眠），但相对于介壳类动物，还找不到直接的证据以说明它们是否要睡眠。但如果上述的论证对于所有人都是有说服力的，那么他就会相信它们也是有睡眠的。

所以，从这些事实来看极其显然，所有动物都分有睡眠。因为动物是由其是否拥有感觉来限定，我们认为，睡眠，在某种方式上，类似于无运动的东西或桎梏，制约着感觉，而对这种状态的缓解或放松就是觉醒。植物不可能具有这样一些属性。因为没有感觉就不可能有睡眠和觉醒；拥有感觉的生物也就具有痛苦和快乐，有苦乐也就会有欲望。对于植物来说，它们不可能拥有这些。这一事实也能说明这一
455a
点，动物的营养部分在动物睡着时要比在醒着时能发挥更好的作用；因为在睡着时它们要吸收更多的营养，而且生长得更迅速，这说明了动物并不需要通过感觉来达到这两个目的。

【2】 我们现在必须来考察睡眠和觉醒是由于什么原因产生的，以及它们是由于什么本性的感觉或哪一些本性的感觉，如果是由于多种本性的感觉的话。由于有些动物具有全部的感觉，有些则并不具有全部的感觉，例如有些就没有视觉，但所有动物都有触觉和味觉，除非它们是不完善的动物（关于这个问题我们已经在《论灵魂》[1]中讨论过了），而且，严格地说，睡觉的动物根本不可能具有任何感觉，很显

① 见《论灵魂》，414^{b}3。

然，在所谓睡眠的状态下，同样的属性必然要扩展到所有的感觉上来；因为，如果它自身只和其中某种感觉相关而和别的感觉无关，那么当一动物睡觉时它就可能感觉到后者，而这是不可能的。

每种感觉既有某种独特之处，又有和其他感觉共同的地方，独特的地方如，视觉在于看，听觉在于听，对于其他感觉也是如此；但是所有感觉也具有某种共同的能力，凭借着它，一个人感觉到他在看或在听（因为意识到在看的并非是视觉；一个人进行判断并能判断甜不同于白，这并非通过味觉，也不是依靠视觉，更不是靠这两者的结合体，而是凭借着对所有感觉来说都共同的某个部分；因为有一种感觉功能，和一种占支配地位的感觉器官，它感觉的方式会随着每种感觉对象的变化而变化，如声音和颜色）；它和触觉有密切的关系（因为触觉可以离开其他感觉而独立存在，其他感觉则不离开触觉而单独存在，我们已经在《论灵魂》[①] 的思考中讨论过这一点）。很显然，觉醒和睡眠乃是这种共同感觉器官的属性。所有动物之所以具有这样的性质就在于此；因为触觉仅仅只属于所有动物。这完全是荒谬的，即，如果睡眠是由所有感觉的某种属性所引起，那么这些不需要而且也不可能同时活动的感觉将必然同时地不启动或不运动。相反的情况倒是更为合理些：它们不可能全部同时静止不动。

① 见《论灵魂》，第三卷，【13】。

我们刚才对它们所作的说明是有道理的；因为支配其他所
455b 有感官而其他感官均臣服于它的那种感官一旦遭受某种方式的影响，那么其他感官也必然会全部在同时受到影响，相反，如果其他某种感官变得无能，它倒并不一定也变得无能。

从多方面来看这都是显而易见的，即睡眠并不在于感觉没有发挥其作用或没有使用感觉，甚至也不在于不能感觉这种状态。因为这正是在昏迷时所发生的一切；昏迷就是处于感觉的无能状态。有些精神错乱的情况也有这种特性；再有，那些脖子里的血管被勒紧的人也会变得无感觉。睡眠的发生就在于，这种发挥作用的无能状态并不发生于任何偶然的感官中，也不是由于某一偶然的原因，而是如我们刚才所说过的，它就依存于人们用来感觉所有事物的第一感官之中；当它处于无能状态时，所有的感官都必然会失去感觉能力；但是其他某种感官处于无能状态时，它并不一定也会这样无能为力。

接下来我们来考察睡眠的原因是什么，以及它是属于什么性质的属性。存在多个原因（因为我们说到的原因有目的因、动力因、质料因和形式因），首先我们认为，自然的活动都是具有某种目的的，这个目的乃是某种善，对于所有动物来说，都是由自然赋予其运动能力，但它不可能永远地持续地快乐地运动，所以休息是必然且有益的；根据这些事实，人们隐喻地将睡眠称为休息。因此睡眠的目的是为了保护动物。但动物的目的是要处于觉醒状态；因为感知或思维乃是一切具有这些能力的动物的目的，因为这些都是最好的，而目的就是最好的。所以睡眠必然为所有动物所具有，我是在这一假设中来使用“必然”这个词的，即如果一动物存在并实现了自己的本性，则它必然会具有某些特点，如果这些特点属于它，那么其他特点也必然属于它。

接下来我们要讨论的问题是发生在躯体内的运动的种类和行为的种类，以及动物的睡眠和觉醒是产生于哪一种运动和行为。我们必须设定，在其他动物和有血动物中这些属性的原因是相同的或相类似的，在有血动物和人之间也是如此；因为我们必须以此为基础来考察所有这些问题。

以前我们已经在别的地方证明过，感觉和运动发端于动 456a
物身体的同一部分，这个地方有三个确定的位置[①]，它位于头和下腹之间，有血动物的这个位置在心脏这个区域；因为所有的有血动物都具有心脏，其运动和支配性的感觉都根源于此。就运动来说，呼吸和冷却过程显然就发生在这里，而且自然通过湿提供了呼吸和冷却的力量，以便保护这个部分中的热。我们在以后将分开讨论这个问题。对于无血动物、昆虫以及不呼吸的动物，在与其他动物心脏相同的地方可以看到舒张和收缩的内在呼吸；对于有翅类昆虫[②]，诸如黄

① 这三个位置是头、心脏和胃，见《论动物部分》，656b5。

② holoptera。

蜂、蜜蜂以及在苍蝇及其同类的动物中，这都是显而易见的。没有力量就不可能推动任何东西或做任何事情，维持呼吸就会产生力量，对于有吸气的动物来说，呼吸是自外而来的，对于不吸气的动物来说，呼吸则是内在的（由于这个原因，我们可以看到，有翅类昆虫由于其内在气息撞击横膈膜时产生了摩擦，所以在运动时嗡嗡有声），如果有某种感觉，无论是内在的还是外在的，只要在第一感官中发生，任何动物都将运动；如果睡眠和觉醒是身体这一部分的属性，很显然，睡眠和觉醒也就产生在身体的这一区域和这一部分。

有些人睡着时也能运动，而且能进行多种醒时的活动，但并非没有任何精神影像和感觉；因为梦就是某种意义上的感觉印象。关于人为什么在醒后能够回忆起他们的梦，但记不起他们醒时所做过的事，我们已经在《问题篇》中讨论过了。

【3】 按顺序我们接下来要考虑的是，睡眠和觉醒的属性是在什么情况下产生的，它们是从哪里开始的。只有当动物已经有了感觉，它才能开始获取食物并生长，在所有情况下，对于有血动物来说，最终形式的食物乃是自然的血，对
456b 于无血动物则是与此相类似的东西。血脉是血液的居所，心脏则是血脉的源头（这从解剖学上看是显而易见的）；当外部的食物进入适于接受它的部分时，它的发散物就会进入血

脉，并在此变化形成血液，抵达它们的源头。我们在讨论营养时已经谈到过这个问题；但为了考察这一过程的开始，我们还必须概述一下所说过的观点，并了解感觉的部分是以什么方式受到影响从而使得睡眠和觉醒得以发生。因为正如我们所说过的，睡眠并非任何一种感觉的无能状态；因为失去知觉、某种形式的窒息以及昏迷等都会出现这种无能状态。严重昏迷的人甚至会产生某种幻觉。这就产生了一个问题：如果一个昏迷者有可能睡着，那么他的幻象就可能是一个梦。再有，那些昏睡得有如死人一般的人在这种状况下还常常喃喃自语。对所有这些情况我们都可以求助于同样的说明。

但是，正如我们所说，睡眠并非所有感觉作用的无能状态，这一属性产生于伴随营养过程的发散物；因为被发散的东西必然被驱至某一地方，然后再返回并改变方向，就像在狭窄海峡中的潮汐一样。在任何动物中，热本性上趋于上升。一旦它到达上面的部分，就会退回下降到稠密的质料中去。所以，在饮食之后特别容易睡眠；因为大量的液体和固体被输送进来。一旦它静止不动，便会使人负重并瞌睡；一旦它已经沉降，并由于其返回而使得热退回时，睡眠就会发生，动物就会陷入睡眠。麻醉剂就能说明这一点；无论是液体还是固体，它们都会引起头沉的感觉，如罂粟、曼德拉草、酒以及毒麦。当人们开始有沉重感并瞌睡时，他们似乎就受到了这种属性的影响，无力将头抬起或睁开眼睑。这种

类型的睡眠经常发生在饮食之后；因为所吃食物的发散物十分丰富；但有时疲劳之后也会发生，因为作为具有削弱作用
457a 的疲劳和被消解的物质，只要不冷，就具有未消化食物的功效。有些疾病也具有同样的功效，那些因湿热过多而产生的疾病，如热病和嗜眠症，就是这种情况。这对于婴孩也是一样；儿童睡眠很多，因为所有的食物会被向上挤压。在婴儿时期，与下面的部分比较上面部分更大一些，这一事实就证明了这一点，而且这是由于生长是朝着向上的方向。由于这个原因，他们很容易患癫痫，因为睡眠就像癫痫；而且在某种意义上说睡眠就是这种病的发作。有许多人的癫痫就是在睡眠时开始发作的，而且在他们睡眠时会经常犯癫痫，但在觉醒时则不会。因为当大量的气息①向上运动时，一旦再下降，它就会使血脉膨胀，并堵塞呼吸所经由的通道。因此酒对于婴孩或乳母都不适宜（无疑，无论是婴孩还是乳母饮用酒，都没有什么区别）；他们只能饮用少量稀释后的酒；因为酒里含有酒精，特别是黑色酒。婴孩的上部一旦充满如此多的食物就会使得他们在五个月的时间里也不能转动他们的脖子；因为这就像酩酊大醉的人一样，会有大量的湿向下运动。认为这种属性是胎儿开始时在子宫中安安静静的原因，是不无道理的。一般而论，血脉不显的人，以及身材矮小或头大的人就特别嗜睡；因为血脉不显的人，其血脉过

① pneuma，在这里主要指湿气。

窄，以至于下降的湿无法轻易通过，身材矮小和头大的人，其发散物向上的力量又太大了。而那些血脉明显的人，由于血脉的流动十分容易，所以就不会嗜睡，除非他们有某些别的与此相抵触的属性。有忧郁症的人不嗜睡；因为其内在的地方冷，所以就他们而言不会有太多的发散物。由于这个原因他们的食欲很大，虽然他们瘦弱，他们的身体状况就仿佛他们吃的食物并没有给他们带来好处。黑色的胆汁由于其本性为冷，所以也会冷却营养区域和其他部分，无论这种分泌物在潜能上出现在哪里。

所以，根据我们所作的说明，很显然，睡眠就是某种由 457b
于上述原因引起的内部热质料的集中或自然退缩。因此，睡眠者的运动很多。但是，在热停止作用的地方他就开始变冷，由于这种冷却过程他的眼睑就会垂落下来。虽然上面和外面的部分冷了，但下面和里面的部分，例如脚上的部分和身体的内部，则是热的。

然而有人可能会在这一事实上发现某些疑点，即，饮食后的睡眠是最深沉的，酒和其他本性为热的东西容易使人产生睡意。认为睡眠是一个冷却过程而引起睡眠的原因则是热，这是没有道理的。这是不是可能呢？即，如同胃一样，在空着时是热的，而当它被填满时由于运动使其变冷，所以一旦发散物上升到头部的通道和区域就会变冷呢？或者，正像热水淋在人们身上时人们会突然打个寒战，如果是这样，一旦热上升时集中了的冷就会使它冷却，使得本性上为热的东西失去其能力，并迫使其后退呢？此外，当摄入更多的食物，热由于使得它向上运动，热本身就会变冷，直到食物被消化为止，这就像新鲜木材刚置于火上时，火会变冷一样。

如前所述，当固态的元素经过血脉由热向上运送到头部时，睡眠就发生了。一旦向上传送的东西不再上升，而且在量过多时，它就会迫使热返回并向下流动。所以当具有上升力量的热退缩时，人就会晕倒（因为只有他们是唯一直立的动物），而且这会使得意识丧失，并在随后产生幻觉。或者，这些说明也许能解释所产生的冷却过程；而事实上，大脑这个区域乃是决定性的因素，如我们在其他地方所说的那样。大脑，在没有大脑的动物中，所存在的与大脑相类似的那个部分，乃是身体所有部分中最冷的部分。正如湿在阳光的照射下变成水雾，当它到上面部分时，它就会因上面部分的冷
458a 而变冷，经过凝结后再变成水，并降落下来；对于废弃的发散物也同样如此，当它由热向上运送到大脑的区域时，就会凝聚而成为黏液（由于这个原因，所以我们可以看到，黏膜炎产生于头部），而富有营养的、有益于健康的发散物被凝结起来，向下运动并使热变冷。大脑周围血脉的精细有利于使它变冷，而且也使得发散物易于进入。这就是冷却过程的原因，尽管这种发散物极热。

一旦消化过程结束，人们便会从睡眠中觉醒，即，当已从周围部分退缩的被大量凝聚在一小空间中的热再一次占优势时，以及当更具物质性的血液和更纯净的血液分离开来

时。头中的血液是最优质最纯净的，而下面部分的血液则是最黏稠最混浊的。正如在本文和别处所说，所有血液都源于心脏。在心室中，中心的心室与其他两个心室相联系着，这两个心室都从血管——即所谓的“大血脉”和“主动脉”来接受血液；分离发生在中心室。但有关这个问题详细的研究主要属于另外的研究范围。由于吸收食物而产生的血液特别需要分离，只要在这种血液中纯净的血液没有被分离出来而进入身体的上面部分，混浊的血液没有进入下面的部分，那么睡眠就会一直继续。一旦这种分离发生，人们就会从睡眠中觉醒，因为他已经从因进食而带来的沉闷中解脱出来了。

现在我们已经说明了睡眠的原因，它是物质性元素的退缩，这种物质性元素由第一感官中的内在热向上传送。对于睡眠是什么，我们已说明了它是第一感觉器官无法进行实现活动的麻痹状态，它的产生是必然的（因为离开了成为动物的条件，它就不可能存在），其目的就是为了保护自己，因为休息具有保护动物的作用。

论 梦

秦典华 译

*　peri Enupnioon　据《洛布古典丛书》希腊本文。

【1】 下面我们来研究有关梦的问题，首先我们来看看 458b 它是属于灵魂哪个方面的功能，即这种属性是属于思维能力还是属于感觉能力；因为这些乃是在我们之内进行认识的仅有的功能。

如果使用视觉功能就在于看，听觉功能就在于听，则一般的感觉功能就在于感知，如果形状、大小和运动能为所有感觉共同感知，那么其他的感觉对象如颜色、声音、滋味就是特殊的感觉对象；如果所有动物在睡眠时闭上了双眼，那就不可能去看，对于其他感觉也同样如此，所以，很显然，在睡着时我们根本就不可能有感觉；由此可见在梦中我们并非凭借着感觉在看。

这样做也不是凭借着意见。因为我们不仅说正在靠近的东西是人或马，而且还说它是白色的或漂亮的；照此看来，离开了感觉意见就说不出任何东西来，无论是真实的还是虚假的。然而在睡梦中灵魂又确实这样做了；因为我们似乎同样地既看到靠近的东西是人，也看到了它是白的。而且除了梦外我们还思考某些别的东西，就仿佛在醒着时感觉某事物一样；我们经常思考我们所感觉到的事物。所以在睡梦中我们除了有一些精神影像外有时还有一些别的思想。这对于那些刚从睡眠中起来就专心致志地试图去回忆梦境的人来说是再明白不过的事了。的确有些人看到过这样的梦，例如那些认为自己是按照记忆规则安排一系列所给予事件的人；因为他们常常发现自己脱离了梦境而将一些其他虚构的观念放进这个区域。所以，很显然，在睡眠中的影像并非全都是梦，而且我们这时的思维乃是我们意见作用的结果。

就所有这些来说这都是显而易见的，即，在觉醒时由于疾病的影响而产生幻觉的功能也会在睡眠时产生同样的作用。甚至对身体健康并且真正知道太阳大小的人来说，太阳似乎也只有一步之宽。但是灵魂的幻觉部分是否与感觉部分同一，这在离开了视觉或感觉活动的情况下是无论如何也不会发生的；因为不真实的听和看只可能发生在听到或看到某一真实事情的人身上，而那事实上又不是他所认为是的东西。
459a 我们已经假定过，在睡眠中既不可能看，也不可能听，而且也不可能具有一般性的感知活动。也许真实的情况是，睡眠者没有看见任何东西，但认为感觉没有受到影响则是不真实的，很可能视觉和其他感觉受到了某种影响，每一种影响，就像觉醒时的情况一样，以某种方式给其感觉功能以刺激；有时意见也会陈述（就像对那些醒着的人们所做的一样），被看见的东西是虚假的；但有时意见也受到约束并听从于精神影像的说明。

很显然，我们称之为做梦的这种现象既不属于意见功能也不属于思维功能。它同样也不属于在一般意义上的感觉功能；如果是那样的话，那么在梦境中就有可能进行一般的看和听了。我们必须考察梦是如何以及以什么方式发生的。我们先来设定最显而易见的东西，以及这种属性是从属于感觉功能的，就像睡眠从属于感觉功能一样；因为我们并没有发现，睡眠存在于一种动物之中，而做梦又存在于另一种动物之中，事实上这两者属于同一主体。但是，由于我们已经在《论灵魂》中讨论过想象，而且，想象功能和感觉功能是同一的，虽然想象功能和感觉功能在本质上不同，而且由于想象是由实现着的感觉所导致的运动过程，梦似乎是某种精神影像（因为在睡眠时出现的影像，无论是一般性的还是某种特殊意义上的，我们都称之为梦）；很显然，做梦属于感觉功能，而且是作为想象从属于感觉功能。

【2】　关于梦是什么以及它是怎样发生的，我们最好是根据伴随着睡眠的情况来研究。因为与每种感觉器官相关的感知对象会使我们产生感觉，而且由它们所产生的属性不仅在进行实现的感觉时存在，而且在感觉已经消失时也仍然存在。

相对于这些情况这种属性似乎和在投掷物中所观察到的现象很相似。就投掷物来说，甚至在投掷者不再与它们相接触时运动仍可以继续进行；因为运动者将运动传递给一部分空气，而被运动者又推动了另一部分空气。物体就是以这种方式连续运动的，无论是在空气中还是在液体中，就这样一 459b
直运动到它停止下来。

我们必须先假定在性质变化的情况下也会发生同样的事情；因为由热加温的东西会将热传送给相近的事物，而这一事物又会依次将热传送给相近的事物，直到再传到发源地为止。就感觉来说，由于实现着的感觉就是某种性质变化，所以它也一定会发生这种事情。因此，无论是在深处还是在表层，无论是在感觉时还是在没有感觉时，这种属性都会在感官中继续，这在连续的感觉活动中是显而易见的；因为即使我们改变了我们的感觉，这种属性也仍继续存在着。例如当我们从炫目的光明处转向黑暗时就会发生这种情况；这种结果就是我们什么也看不到，因为光亮在我们眼中所产生的运动仍然存在着。再有，如果我们长时间地盯住某种颜色，如白色或绿色，那么我们再将注意力转移到任何别的物体上，它也仿佛是同一种颜色。而且在看过太阳或其他炫目的物体后，如果我们合上双眼，然后再仔细观看，它就会以和我们以前看它的同样直接的方向，在开初以它自身本来的颜色出现；然后开始变红，再变成紫红色，最后变为黑色并消失不见。当我们将视线从运动着的物体上移开时，视觉也会发生同样的持续现象，例如，江河，特别是当河水奔流湍急的时候尤其是这样，在这时真正静止的物体也会显得仿佛在运动一般。所以喧嚣过后耳朵会变聋，强烈的气味会伤害人们的嗅觉，对于其他感觉也同样如此。这种现象显然是以上述方式发生的。

感官甚至对极细微的差别也具有极其灵敏的感觉，这可以从镜子中发生的事情来发现；我们要就它自身来考虑，并对这一问题加以仔细的研究和考察。同时从这一事例可以很清楚地看到，视觉器官不仅要受到其对象的影响，而且它也要对其对象产生作用。如果一位妇女在月经期间窥视一面被擦拭得十分明亮的镜子，镜子的表面就会蒙上一层血红的颜色（如果镜子是新的，这斑点就不容易被擦掉，但如果是旧的，那么擦起来就要容易得多）。这个原因就在于，正如我们所说过的，视觉器官不仅要遭受空气的影响，而且它自身也能对空气施加作用并使其运动，就像明亮的物体一样；因为视觉器官就是一种有颜色的明亮物体。认为在月经期间的眼睛和身体的其他部分处于同一状态，这是有道理的；因为它们在本性上就布满了血脉。所以，当由于紊乱失调和血液发热而月经来临时，眼中的变化虽然不为我们所察觉，但它是实在的（因为月经的本性和精液的本性是同一的），双眼致使空气运动，而它又将某种性质传送到镜子表面的空气上，并使其和自身相同；而这一层空气又对镜子的表面产生作用。这正如衣服一样，愈洁净，就愈容易显出污点，因为一面明净的镜子会精确地显现出它所蒙上的东西。物体愈是洁净，它便愈是能够显现出最轻微的运动。同样，由于铜镜的表面十分光滑，所以对任何接触都极其敏感（人们应当将空气的接触看作是一种摩擦，或揩擦或洗涤）；由于其表面是洁净的，所以在它上面的任何轻微的接触都会十分明显。污点不容易从新镜子上擦去的原因就在于其表面清洁而光滑；在这种情况下污点就会穿透得深而且扩散得广，穿透得深是因为其表面清洁，扩散得广是因为其表面光滑。它之所以又不能在旧镜子上存在太久，是因为污点不能浸入这样深，它要浅得多。所有这些都表明了，其一，即使极微小的差别也能引起这种运动；其二，感觉极其敏捷；其三，感觉颜色的器官不仅要受到颜色的影响，而且它也要影响颜色。酒和药膏的制造对这一结论也提供了证据。因为已调制好的油和酒都会很快受到周围物体气味的影响；它们不仅会获得放进它们之中的东西或与它们相混合的东西的气味，而且，甚至在盛放它们的容器附近所置放的东西或者在生长的东西的气味也会溶进它们的气味之中。

460b 为了回答我们最初的问题，我们可以提出这样一个命题，这从我们已经说过的来看是显而易见的，即，当感觉的外部对象已经消失后，它所造成的印象仍然存在着，而且它们自身就是感觉对象；此外，当我们情绪激动时，相对于感觉我们很容易受到欺骗，不同的人情绪不同，例如懦夫处于胆小害怕的状态，多情的人处于渴望爱情的状态；所以只要有少许相似之处，懦夫便认为看见了他的敌人正在走近，而多情者则认为看见了他所钟爱的人；而且一个人受情绪影响愈深，则刺激他产生这些印象的相似点就需要得愈少。同样在愤怒时以及在有各种欲望时，所有的人都容易受欺骗，而且他们愈受情绪的支配，就愈容易受欺骗。所以患热病的人有时认为看见在墙上有动物，尽管在墙上某种形状的痕迹和动物几乎没有什么相似之处。有时这种幻觉和情绪的严重程度相一致，所以，那些病情轻微的人完全知道这是一种幻觉；但如果他们病情严重，那么他们就会按照他们以为看见了的情况而运动他们自己。这种情况所发生的原因就在于，具有支配意义的感觉在判断时所凭借的功能和影像发生时所凭借的功能不同。这也被这一事实所证明，即，太阳似乎只有一步之宽，但其他事物常常否定这一印象。再有，当指头交叉时，在它们之间的某一物体似乎是两个，但我们否认有两个物体；因为视觉比触觉更为确切。如果触觉是唯一的标准，那我们就会判断一事物是两件事物。这种错误判断的原因就在于，无论是在对象刺激感觉时，还是在感觉为自身所刺激时（假如它受刺激的方式和受对象刺激的方式相同的话），它可能以任何外表呈现在我们面前；例如，对于航海者来说，陆地似乎在运动，但实际上是眼睛为别的事物所动。

【3】 从前面所说的可以清楚看到，由感觉印象所引起的刺激（无论是从外部对象还是从身体内部的原因而得到的感觉印象），不仅在我们醒着时会发生，而且在产生所谓睡眠这种属性时也会发生，甚至在这种时候更容易发生。在白天，当感觉和理智在活动时，它们就会被迫退至一边并且变得模糊不清，这就像熊熊大火之旁的小火苗，大苦乐之旁的小苦乐，一旦前者终止消失，那么微小的事物就会显露出来；在夜晚，由于热从外面的部分倒转流向内在的部分，感觉处于休止状态，无法实现其功能，所以这些刺激便传到感觉的出发点，并变得明显，就仿佛喧嚣平息下来时的情况一

样。我们必须先设定，就像江河中的小旋涡一样，每一运动都是一个连续的过程，它们常常保持着原来的样子，但也常常因某些阻碍物的碰撞而分裂成其他的形状。由于这个原因，在进食后不会做梦，或者对极其年幼的人，如婴孩，就不会发生做梦的现象；因为，由于从食物中所产生的热，这样的运动太多了一些。所以，就像在液体中的情况一样，如果人们去猛烈地搅动它，它根本就不会出现任何影像，即使有时出现了，也完全是扭曲的，和它真实的样子完全不同；一旦运动停止了，则被反映出来的影像就会变得清晰可辨；在睡眠中也是如此，当上面所说的运动太大时，由于这种运动,从感觉印象而产生的影像或在我们之内的运动就会变得模糊不清，有时虽然出现了视觉，但混乱而怪诞，梦也是支离破碎的，就像那些疑心病患者、热病患者和酩酊大醉的人所发生的情况一样；所有这些属性由于太过活跃，导致了大量的运动和混乱。在有血动物中，一旦血液变得温和，而且一旦纯净的血液分离出来，那么，产生于感官的感性刺激，其连续性的存在就会使得梦境连续一贯起来，并导致影像的出现，而且由于从视觉器官和听觉器官所产生的影响使得做梦者认为他真的在看在听。对于其他感觉器官也同样如此；甚至一个人在醒着时之所以相信他在看、在听、在感觉，也
461b 在于传递到感觉出发点的刺激是来自于这些感觉器官；正由于视觉似乎受到了刺激（虽然它并没有真正受到刺激），所以我们便说我们在看，或者由于触觉告诉我们有两次刺激，

所以我们就认为一个对象是两个。因为，一般地说，具有支配意义的感觉会肯定由每一特殊感觉所作的报道，除非某一更权威的感觉作出与此相矛盾的报道。在任何情况下，这种感觉印象都会在此出现，但并非在任何情况下它都显得真实，除非在判断功能受到限制或在它并没有随着它特有的运动而运动时才会显得真实。正如我们所说的，不同的人是由于不同的情绪而产生幻觉，所以，对于睡眠者来说，由于睡眠，由于感官的刺激，以及其他一些与感觉相联系的因素，他很容易产生幻觉，以至于把与某事物几乎没有什么共同点的东西当作是这件事物本身。因为当一个人睡着了，大部分血液向下沉降时，内部的运动，有些是潜在的，有些是现实的，也会随着一起向下沉降。它们联系得这样紧密，以至于如果有任何东西使血液运动，某一种感觉运动便会从它之中显现出来，如果这一个消失了，另一个就会代替它。它们相互之间的这种关系与人工蛙的情况相同，一旦盐被溶化，它就会浮上水面。同样这些运动潜在地存在于我们之中，但一旦阻碍它这样做的因素被排除，它们就会成为现实；一旦它们获得自由，在存在于感官的少量血液中，它们就开始运动，并以云彩变化般的方式呈现出某种形象，这种形象急速变化着，一会儿像人，一会儿后又像半人半马的怪物，正如我们前面所说，它们每一种都是对实现着的感觉印象所保存的残留记忆；虽然真实的印象已经消失，但对它的残存记忆还存在着，而且，虽然它并不是真正的科里斯库，但说它像科里斯库还是正确的。当人们正在进行现实的感觉时，起支配作用和判别作用的感觉功能，并没有声称那是科里斯库，但由于受到它的刺激，把远处那个人称为真正的科里斯库。当正在感觉时，它所描述的刺激（除非它完全被血液所限制），就仿佛它过去正在感觉一样，被存在于感官中的运动所推动；而且这种相似的形象显得它仿佛就是真的一样。睡眠的力量就在于它使得人们察觉不到这一点。如果一个人察觉不
462a 到，对眼球施加压力，不仅会使得一个物体显得是两个，而且他也会认为那真是两个物体，但如果他察觉到了，那么它虽然看起来仿佛是两个，但他不会认为那真是两个物体。在睡眠中正是这样，如果一个人意识到他在睡觉，即感觉是在睡眠状态下发生的，虽然有某一形象出现了，但在他内部的某些事情会告诉他，虽然它显得像科里斯库，但它并不是真正的科里斯库（因为经常的情况是，人们在睡觉时，在他灵魂中的某些东西会告诉他，出现在他面前的事物只是一个梦）；但如果他没有意识到他是在睡眠，那么就不会有任何东西来否认这一影像。

显而易见，我们所主张的观点是正确的。而且在感官中的确存在着唤起想象力的运动，只要我们在进入睡眠时或醒来时细心地回忆我们所经历的那些现象；在觉醒的那一刹那，有时他会对在睡梦中出现的影像感到惊异，而且会发现它们的确是存在于感官之中。对于一些年幼者来说，如果是在黑暗的地方，当他们睁开双眼时，会发现有许多怪影在晃

动，所以他们常常会恐惧得蒙上自己的头。

人们从所有这些会得出一个结论，梦是一种精神影像，它发生在睡眠中；由于刚才所提到的怪影并不是梦，它也不是在感觉自由时所出现的任何其他影像；并非发生在睡眠中的所有精神影像都是梦。首先，有些人的确在某种程度上能感觉到声音、光线、滋味以及接触，但是模糊不清而且仿佛极其遥远；确实存在着这样的事情，有些人在睡着时半睁着双眼，在睡梦中看见了朦朦胧胧的灯光，就仿佛他们猜想的那样，但随后一旦觉醒过来，立刻发现那是真正的灯光，还有一些人能隐隐约约地听到鸡在啼鸣，狗在吠叫，醒来后他们也能确定它们的存在。有些睡眠者甚至在被提问时能回答所提的问题；就觉醒和睡眠状态来说，这是完全可能的，即，当一个出现时，另一个也应当出现。但这些现象都不能说是梦。它也不是发生在睡眠中和精神影像相区别的真实思想。当人们睡着时由于感觉印象的刺激而产生的精神影像，在睡着的情况下，就属于梦。

还有一些人，他们一辈子都没有做过梦。这种情况很少见，但确有发生。有些人一辈子都这样，但有些人则在老迈年高时才开始做梦，而在此之前却从来没有做过梦。他们不做梦的原因似乎和婴孩不做梦以及在饮食后不做梦的原因相同。有些人本性便是这样，所以在他们之中产生了许多向上的发散物，当它再向下沉降时，它就会产生大量的运动，这样当然就看不到任何精神影像了。这一点并没有什么奇怪之处，即，梦应当出现在年老者的睡眠中；因为，与他们的年龄或其他经验相应，一旦他们由此发生了某种变化，那么相反的情况也必然会发生。

论睡眠中的征兆

秦典华 译

* peri Mantikees tees en tois hupnois 据《洛布古典丛书》希腊本文。

【1】 关于发生在睡梦中的征兆以及就梦而言所说过的征兆，这是一个很难轻易否定或确信的话题。所有的人，或者说至少有许多人，都假定梦具有某种特别的含义，这一事实使得人们相信梦中的征兆，仿佛这是出自于经验的证明，的确，在某些问题上，梦中的征兆应当存在，这一点并非不可以相信；因为它还是有一些理由的，所以，人们可能要猜想，对于所有其他的梦也同样如此。然而，人们找不到能说明这种征兆的合理的原因，这就使得人们不得不对此存疑；因为除了更进一步的不合理性外，认为梦是由神所赐予，而且他并非将梦赐予那些最优秀最聪明的人，而是随意地赐给世人，这完全是荒诞不经的。一旦我们否认神是睡梦的原因，那么其他的那些原因似乎都是没有道理的；因为，人们为什么应当预见到发生在赫拉克勒斯石柱[①]上或玻利昔尼斯河岸上的事情呢？要寻找说明这种事情的理由似乎超过了我们理解能力的范围。 462b13

梦要么是事件存在的原因，要么是它所发生的迹象，要么是某些别的巧合[②]；就上述情况而言，它要么是它们的全部，要么只是其中的一部分，要么只是其中之一。我是在这种意义上使用“原因”一词的，例如，月亮是日食的原因，或者

① 指直布罗陀和休达两地，源于希腊神话。

② aitia（原因），semeia（迹象），sumptomata（巧合）。

疲劳是发烧的原因；星星进入到阴影中，我把这称作是日食
463a 的迹象；当日食发生时某人正好在散步，我把这称为巧合。因为散步既不是日食的迹象，也不是它的原因，日食当然也不是散步的迹象或原因。巧合的事情并不会总是发生或经常发生。对于发生在身体内的事情，我们是否可以说，有些梦是它们的原因，有些则是它们的迹象呢？无论如何，即使一些有才华的医生也提请人们特别留心梦；对于那些没有技巧但不断探索并热爱智慧的人来说，持有这一观点是有道理的。

在白天，如果所发生的刺激较小而且很微弱，那么它就会因为白天的更大的刺激而不被觉察到。但在睡眠时情况正好相反；因为在那时微弱的刺激会显得很强烈。这从在睡梦中所发生的情况来看是显而易见的；当有些人耳内传入微弱的回音时，便以为那是闪电和雷鸣，当一小滴黏液滑进嗓子时，便以为他正在享用蜂蜜以及甜美的滋味；当某些局部有些轻微的热，便以为他们正在穿越一场火海并感到炎热无比。一旦他们觉醒，事情的真相便会显现出来。由于所有事件的开端都很微小，疾病的开端以及发生在身体之内的其他现象的开端显然也一定很微小。很清楚，这些情况在睡眠时要比在觉醒时明显得多。

认为有些在睡梦中出现的精神影像是那些与它们相关的行为的原因，并不是没有道理的；就仿佛这种情况，当我们正准备做某一事情，或在从事某一活动，或已经完成了这一事情时，我们常常发现我们自己在某一生动逼真的梦中与这

些行为有关或从事了某些活动（这个原因就在于，从白天最原初的刺激所产生的刺激为它铺好了道路），反过来也是如此，在睡梦中的刺激必然常常是白天行为的根源，因为在晚上的睡梦中已经为实现这些行为铺好了道路。所以，有些梦可能既是迹象，又是原因。

大多数梦类似于巧合，特别是那些过火的梦以及那些做 463b
梦者并没有主动地去实现这些梦境的梦，例如在某一场海战中的情况以及在遥远事件中的情况；在这些事件中，所发生的事情和我们刚提到的事情在发生时的情况很相同，这似乎是可能的。那么又是什么东西在阻止它发生在睡梦中呢？可能会有许多这样的事情发生。正如说到某人，这既不是他正走来的迹象也不是它的原因，所以，梦，对于看到它的人来说，既不是它形成的迹象，也不是它的原因，两者只不过是巧合罢了；所以，许多梦是永远不会出现的；因为巧合的事情既不会总是发生，也不会经常发生。

【2】 一般而论，由于一些低级动物也做梦，所以梦并不是由神所赐予，征兆也不是梦出现的目的。它们具有某种奇异性，因为自然就是奇异的①，虽然它本身并没有什么神圣的地方。关于这点是有证据的；因为极其粗俗的人也具有

① daimonia，由 daimoon 派生，它不是神（theos），而是主宰人的精灵，如苏格拉底身上就有这么一个精灵，所以没有什么神圣之处。

预见的能力而且做梦生动逼真，这说明梦并非神所赐予；而仅仅是由于那些本性仿佛喋喋不休的人和性情忧郁的人看见了各种景象，因为他们经历了各种各样的刺激，所以他们碰巧遇到了与事件相同的梦幻。他们在这种事情上的运气就像那些掷骰子赌徒的运气一样，这就像有一句格言所说的，“只要你不断地投掷，好运气总会到来”。对于我们所讨论的那种情况也是如此。

许多梦永远不会成真，这不足为怪；这对于身体症状和天气的迹象也一样合适，例如下雨和刮风的迹象；如果另一运动的发生要比那产生迹象的运动（它尚未形成）更为强烈，那么事情就不会发生。有许多需要人们去完成的事情，虽然进行了周密的计划，但由于别的更为有力的原因而成为泡影。一般而论，有可能发生的事情并非全都发生；而且将发生的事情和可能要发生的事情也不是同一回事；但我们必须看到，这些没有结果的开端仍然是开端，它们构成了某些事件的自然迹象，虽然这些事件并没有发生。

464a 至于这样的梦，它们并不包含我们所描写的这种开端，它们所包含的开端在时间、空间以及大小上都极其广大，或者所包含的开端在这些方面都不很大，然而超过了看见梦境的人所把握的范围；除非梦所作出的预见并不是一种巧合，那么下面的解释将比德谟克里特的解释更为合理，德谟克里特认为影像和流射物是梦的原因。当某物在水或空气中引起运动时，被运动的部分又运动另一部分，而且当最初的刺激终止后，这样的运动仍会继续运行到某一点上来，而在这一位置上，最早的动力因并没有出现；同样，这也是完全可能的，即，某些运动和感觉应当从对象直达睡眠灵魂，而德谟克里特就是从对象而推出影像和流射物的；但当它们抵达时，它们应当更容易在晚上被感知，因为在白天它们更容易被排挤走（晚上的空气被搅动得更少，因为晚上要更平静一些）；而且，由于睡眠，它们应当在身体内引起感觉，因为人们在睡着时要比觉醒时更容易感觉到微弱的内部刺激。这种刺激产生出精神影像，其结果就是睡眠者预见到了与这样一些事件相关的将发生的事情。粗俗的人之所以常发生这种现象，而最聪明的人倒没有这种现象发生，其原因就在于此。如果梦是神所赐予，那么它们也应当在白天出现，而且也应当赐予聪明人；但事实上，粗俗的人应当有预见能力乃是十分自然的事情；这种人，其心灵不会有深邃的思想，他们的所有思想完全是无聊而空虚的，而且一旦受到刺激，便会被刺激冲得无影无踪。

那些精神混乱的人之所以具有预见能力，其原因还在于，他们自己的精神刺激并没有阻止外在的刺激，它们反而被后者所驱走。所以他们对外部刺激特别敏感，有一些特别的事例可以说明那些生动逼真的梦，例如有些人对他们的朋友就特别具有预见能力，因为这样的朋友相互之间极其关心；这就像他们在很远的地方也能彼此感觉到并辨认出来一样，相对于刺激也是如此；因为好朋友的刺激对他们来说极

为熟悉。有些性情急躁的人，当他们从远处进行射击时，由
464b 于性急，会成为优秀的射手；他们性格多变，在运动系列上，下一个影像会很快地展现在他们面前；正如狂人背诵费拉尼斯的诗歌一样，他们把所说和所想的同等对待，例如“阿弗洛狄忒，弗洛狄忒”①，就这样不断地把它们拼凑在一起。而且由于他们急躁，在意识里一种刺激又不会轻易地被另一种所取消。

解释梦最娴熟的人是那些特别能察觉相同点的人；因为任何人都能够解释那些清晰明白的梦。“相同点”这个词我是指精神影像和水面上的映像相同，正如我们在前面所说过的那样。在后一种情况下，如果水波动态过大，那么这个映像就不会像原来的事物，它也不像真实的物体。所以，对于这些映像，他的确是一个聪明的解释者，他能够很快地识别那些零散的扭曲的影像，并迅速地领会它们，以便感觉出其中之一是否代表了一个人，或一匹马或别的东西。在其他情况下，梦也有某种相同的结果；因为内部的运动会消除梦的清晰度。我们已经解释过了，睡眠和梦是什么，它们各自是因为什么原因而发生，而且也解释了睡梦中的征兆。

---

① 这里的意思可能是，心里想着爱和美的女神 Aphroditte，口里说的却是 Phroditte。

论生命的长短

秦典华 译

*　peri Makrobiotetos kai brakhubiotetos　据《洛布古典丛书》希腊本文。

【1】 我们现在来讨论为何有些生物寿命长而有些则寿 464b19
命短，并在一般意义上探讨生命长短的原因。我们研究的出发点必然是陈述有关这些问题的疑难点。因为对动植物来说，在所有情况下有些长寿而有些短寿的原因是否相同，我们并不清楚；有些植物能活很长时间，而有些则只能活一年之久。而且，就所有的自然结构物来说，长寿是否和健康是同样的事物，而短寿是否和疾病相分离，或者，在有些疾病中，身体的疾病状态是和短寿结合在一起的，而在有些疾病中，则没有什么能妨碍有疾病的事物长命百岁。

以前我们已对睡眠和觉醒作过说明，以后我们将要说明生命和死亡，因为它们属于自然哲学范围，同样地还要谈到 465a
疾病和健康。如前所述，我们现在所要考虑的是，有些生物长寿而有些动物短寿的原因是什么？这种差别不仅可以在作为整体的种之间看到，而且也可以在属于同一个属的各个别生物之间看到。在种上的差别，我是指如人和马的差别（因为人这个种要比马这个种生命更长），而属上的差别我是指人和人之间的差别；因为有些人寿命长，而有些人则寿命短，这种差别是由于他们所居留的地区不同；居住在热带国家的种族寿命就长，而生活在寒带国家的种族寿命就要短一些。而且，居住在同一个地区的人，同样地相互间也存在着这样的差别。

【2】 我们必须回答这样一个问题，即在自然对象中，容易使它们灭亡或不容易使它们灭亡的东西是什么呢？因为火和水以及这一类的其他元素，并不具有同样的能力，它们相互间是彼此生灭的原因，下面这种说法是有道理的，即由这些元素所构成或生成的其他一切事物都分有它们的本性，除了那些由多个部分所结合而成的事物以外，如房子。关于其他事物则需要进行不同的说明。因为有许多事物，如知识、健康、疾病，具有自己特有的灭亡形式。甚至在包含它们的事物并没有被毁灭而是继续存在的时候，它们自身却消失了，例如，学习和记忆能消灭无知，而忘却和谬误能消灭知识。在偶性意义上，自然对象的毁灭会引起其他事物的毁灭；因为生物的毁灭会导致依存于生物的知识和健康的毁灭。

我们可以从这些事实得出有关灵魂的结论，因为如果灵魂并不是在本性上依存于躯体，而是像知识依存于灵魂那样，那么，除了当躯体毁灭时那种超过了它的毁灭外，还存在着某种别的毁灭。但事实显然并非如此，因为灵魂与躯体的联结一定具有不同的本原。

465b **【3】** 也许人们不无道理地问道：是否存在着这样的地方，在那里可灭的事物是不可灭的。例如天界的火，它在那里没有相反者。因为属于相反者的属性会在偶性的意义上由于相反者的毁灭而被毁灭；因为相反者相互消灭，然而依存于实体的相反者，并不会在偶性的意义上被毁灭，因为实体并不表述任何主体。所以，任何没有相反者的事物，或其相反者并没有在此出现时，事物就不可能被毁灭；既然事物只能被相反者所毁灭，如果这样的相反者根本就不存在，或者并不存在于这一特殊的地方，那么又有什么东西能毁灭它呢？也许在某种意义上是真的，而在另外的意义上并不真，在某种意义上说，拥有质料的任何事物都不可能没有相反者。在事物的任何部分中都可能存在着热和直，但不可能只有热或直或白；如果这样的话这些属性就可以分离存在了。如果在所有的情况下，只要主动的事物和被动的事物同时存在，其一就总是产生作用，而另一则承受作用，而不可能没有变化。如果必须对排泄物作用，而且排泄物是相反者，情况就会如此，因为所有的变化都是产生于相反者，排泄物就是保存有以前状态的东西。如果一个对象排挤了所有现实的相反者，那么它就不会被毁灭了。如果不是这样，它就会为其环境所毁灭。

如果情况就是这样，那么我们已经说过的这些，就充分地说明了它；如果不是这样，我们就必须假设，某一现实的相反者出现了，排泄物被产生出来。所以在偶性的意义上较小的火焰会被较大的火焰消耗掉；因为其养料，即烟，较小的火焰需要大量的时间才能耗费它，而较大的火焰则很快就会消耗掉它。所以所有事物总是处于运动之中，而总是或者生成或者毁灭。环境对它们或者起有益的作用或者起相反的作用。因此，发生位置变化的事物可能比它的本性所许可的寿命更长或更短，但它们绝不可能永久存在，如果它们有相反者的话；因为它们的质料是直接包含有相反者的。所以如果相反者属于地点，那么变化就会是相对于位置的变化；如果相反者属于量，那么变化就会是相对于增加和减少，如果相反者属于属性，那么变化就是相对于状态。

466a **【4】** 并非愈是庞然大物愈难死亡(因为马并不比人活得长)，小生物也是如此(许多昆虫仅能生存一年之久)，一般而论植物并不比动物更难以死亡(有些植物就属于一年生植物)，有血动物亦是如此(蜜蜂要比有些有血动物还活得长)，无血动物也一样(无血的软体动物就只能活一年时间)，陆栖生物也是如此(因为有些陆生植物和动物只能活一年时间)，海洋生物亦复如此(因为那里存在着寿命很短的介壳类动物和软体动物)。一般而论，寿命长的事物存在于植物中，如枣椰树，其次，在有血动物中长寿要比在无血动物中更普遍，在陆栖动物中长寿要比在水栖动物中更普遍。所以，将这两个特点放在一起，长寿动物要数有血的陆栖动物，如人和大象。一般而论，较大的动物要比较小的动物寿命更长；因为其他长寿动物碰巧体积大，正如我在上面所谈到的那样。

【5】 我们可以从以下考虑来理解这些事实的原因。我

们必须注意到，所有的生物在本性上都是湿和热，生命也是这样，而年老则是冷和干，尸体就是这样。这是显而易见的。所有躯体所由以构成的质料是热冷干湿。所以一旦衰老就必然会变得干燥。潮湿就必定难以干燥。因此肥胖的东西就不易死亡。其原因是它包含有空气；相对于其他元素空气就像火一样；火永远也不会变得腐烂。湿在量上必然不会太少，因为太少就容易干枯。所以，如前所说，一般而言大的生物，无论是植物还是动物，生命都长。这是有道理的，因为较大的生物包含有更多的湿。但长寿还不仅仅是由于这个原因；长寿有两个原因，即量上的和质上的原因，所以，湿不仅在量上一定是大的，而且也是热的，这样它就不容易冻结或干枯。人之所以比一些更大的动物寿命要长其原因就在于此；因为有些动物虽然在量上缺少湿，但在质上的优越超 466b
过了它在量上的缺乏，所以亦能长寿。在有些生物中，热元素是肥胖的实体，它使得生物既不易干枯，也不易于变冷；但在另外一些生物中，热具有某种不同的滋味。

而且，那种不易毁灭的事物一定不会产生排泄物。这样的排泄物会由于疾病或自然而导致灭亡；因为排泄物的能力是起相反的作用，并对有生命的本性或生物的部分造成毁灭。所以，那些经常交媾而且多精液的动物很快就会老化；因为精液是一种排泄物，由于其损失而导致干枯。这就是骡子要比生它的马和驴活得长，雌性动物比雄性动物活得长的原因，如果雄性动物经常交媾；雄麻雀要比雌麻雀活得时间短。此外，所有工作勤奋的雄性动物，会由于辛苦而很快衰老；因为辛劳会导致干枯，而年老就干枯。但在本性上一般来说，雄性动物要比雌性动物活得长；其原因就在于雄性动物要比雌性动物具有更多的热。在热带地区的动物要比在寒带地区的同类动物活得长，而且由于同样的原因它在形体上更大。这从本性上冷的动物的大小就可以看得很清楚；所以蛇、蜥蜴以及有鳞甲的爬行动物，在热带地区的就体形大，红海的有壳虫就是这样；因为这种温和的湿既是生长的原因也是生命的原因。而在寒带地区，动物中的湿更具有水的本性；所以它很容易被冻结，因此，在北方地区，具有少量血或无血的动物或者根本就无法生成（无论是在陆上的陆栖动物，还是在海里的水栖动物都难以生成），或者即使生成了，它们也是体形小而且寿命短，因为严寒抑制了它们的生长。

无论是植物还是动物，一旦无法吸收营养，它们就会自我消亡。这就同大的火焰由于耗尽了供应它的东西而燃尽和消灭小的火焰一样，作为消化根本原因的自然热会耗尽它所
467a 依存的质料。水栖动物并不比陆栖动物活得长久，这不仅因为它们是湿的，而且因为它们具有水的本性；这种湿极容易被消灭，因为它是冷却的并容易被冻结起来。无血动物容易死亡也是由于同样的原因，除非它体形庞大到能保护它；因为某些大动物既没有油脂也没有甜的性质，因此，蜜蜂也比它们活得长。

【6】 寿命最长的生物是某些植物，其寿命甚至比动物更长，这首先是因为它们并不具有太多的水的本性，这种湿并不容易被冻结；其次，是由于它们具有油脂而且带有黏性，尽管干燥并且有土的本性，但它们具有不易干枯的湿。然而，我们必须要弄明白树木为什么会具有长青不衰的本性；因为相对于动物，除了昆虫以外，它们都具有特有的本性。植物永远具有再生的能力，所以它们能够在漫长的时间里生存。总是有些枝叶在发嫩芽，而有些则已经衰亡，它们的根茎也同样如此，尽管两者并不同时发生。有时躯干和枝杈已经死亡，而在它们旁边又生长出新的躯干和枝杈；这种时候会有另外一些根茎从残留的部分生长出来，所以树木延续着生命，部分死亡，而部分获得新生；所以它们寿命很长。如前所述，植物和昆虫有些相似；因为即使把它们从一个整体分割成两段或多段，它们也仍然能够存活。昆虫在这种情况下，虽然也力争生存，但不可能存活这么长时间，因为它们没有必需的器官，在每一段中的生命本原也不可能为它们提供这些。在植物中则可以。因为植物的任何一个部分都具有潜在的根和茎。所以，除了衰老的部分外总会有新的部分生长出来；这实际上就是一种长寿的情况，仿佛接枝一样。我们可以说，在某种意义上，接枝也具有同样的意义；因为枝条是植物的一个部分。所以，在接枝过程中，当它们被分割开，这种情况就会发生，但在另一种情况下则是通过

连接，这就是在植物的每个部分中都存在着潜在的生命本原的原因。

同样的现象既可以在动物中也可以在植物中看到。一般而论，在动物中，雄性的寿命更长，它们的在上部分比在下部分体积更大(因为雄性动物要比雌性动物矮小)，热存在于上面的部分，冷存在于下面的部分；在植物中有大头茎状叶丛的寿命长。那些非一年生的而且类似于树木一样的植物就是这样。因为根部才是植物的上面部分和头，一年生植物是朝下部和果实方向生长。我们将在论植物的论文中专门来讨论这些问题，现在就所涉及的动物而论，我们已经讨论过了生命长短的原因。对于我们来说，剩下来的是探讨青年和老年、生和死的问题；因为当我们对这些问题的讨论结束后，关于动物的整个研究也就完成了。

论青年和老年
论生和死

秦典华　译

* peri Neotetos kai geroos peri Zoees kai thanatou 据《洛布古典丛书》希腊本文。

【1】 我们现在来讨论青年和老年、生和死的问题；同 467b10
时我们也必须说明呼吸的原因；因为在有些动物中生和失去
生命都取决于呼吸。在别的地方我们已经对灵魂作过详尽的
说明，而且，很显然，它的本质并不是物质性的，但它显然
存在于身体的某个部分之中，这个部分一定存在于能够支配 15
其他部分的那些部分中。我们现在将灵魂的其他部分或功能
放置一边（无论我们应当用哪一个名称来称呼它们）；但至
于我们称其为动物和生物的东西，在一切具有这两种特性的
事物中（即动物和生物），一定存在着某一同一的部分，生 20
物依靠这个部分而生存并被称为动物。因为作为动物的动物
不可能不生存；植物生存，但没有感觉，而我们正是用感觉
将动物和非动物的东西区别开来。 25

这个部分在数目上一定是一而且是同一的，但在本质上
则是多并且是有差别的；因为动物和生物并不是同一的。从
那时起，那些个别的感官就具有一个共同的感觉器官，当它
们在实现其作用时必定会在这一感觉器官中相遇，而且这个
部分一定存在于被称为“前”的部分和被称为“后”的部分 30
之间（我们把感觉发生的方向叫做“前”，把相反方向称为
“后”），生物的躯体又分为“上”和“下”两部分（因为所
有生物都有上、下部分；植物也一样具有这样两个部分）， 468a
营养本原显然就存在于它们之间。食物进入的部分我们就叫
做上面的部分，这是就它本身的意义来考虑的，而不是就周

围的宇宙万物来说的;排泄基本排泄物的部分就是下面的部分。在这个方面植物和动物正好相反。在所有动物中，由于人的直立状态，所以人的这种特征是最为显著的，他上面的部分相对于整个宇宙来说也是向上的部分,而在其他动物中，其上面的部分则是中间的部分；但由于植物并不运动，而且它们是从土壤中吸收营养，所以它们的这个部分永远都是向下的。因为植物的根就相当于动物中被称为嘴巴的东西，植物依靠这个部分而吸收营养，有些是从土壤中吸收营养，有些是相互吸收营养①。

【2】 所有完善的动物都可以分为三个部分,一部分用来获取食物，一部分用来排泄废物，第三个部分就存在于这两个部分之间。在大动物中这个部分被称为胸腔，在其他动物中这个部分则是与此类似的东西。有一些动物要比另一些存在着更显著的差别。所有有位移能力的动物都有一些额外的部分来满足这一目的，靠着这些部分，它们承受着整个躯干；这就是腿、脚以及具有和此相同功能的部分。无论是从观察、还是从推理来看，这都是显而易见的，即，灵魂的营养本原存在于这三个部分的中间。因为有许多动物，即使这两个部分中的任何一个——即头和接受食物的部分——被割下来，它们利用隶属于中间的部分依然能够生存。这种情况

① 这里可能指的是寄生植物。

对于像马蜂和蜜蜂一类的昆虫是显而易见的；有许多并不是昆虫的动物被分割后依靠其营养的部分也能生存。在它们之中，这一部分在实现着时是一，但在潜能上是多，因为它们的结构和植物的结构相同。植物在被分割成段之后，其残片能独立生存，许多树木就是从同一本原产生出来。有些植物被割断后之所以不能生存，有些植物之所以能够通过接枝而 468b 生长，这个问题属于其他的研究领域。但在上述这个方面，植物和昆虫有相同之处。所以，营养灵魂，在拥有它的事物中，就实现而言一定是一，但在潜能上是多。对于感觉本原也同样如此，因为被分割后的部分显然还有感觉。但植物能够保存它们的本性，而昆虫则不能，因为它们没有生存所必需的器官，它们有些失去了抓取的器官，有些失去了接受食物的器官，有些则失去了这两种器官。这样的动物似乎是多个动物的结合体；但构造最完善的动物不会有这种缺陷，因为它们的本性在它可能的范围内就是一。所以，有些部分在被分割后还具有极微弱的感觉能力，因为它们仍然保持了灵魂的某些影响；有些动物当维持生命的部分被摘除后仍然能够运动，如乌龟在心脏被摘除后仍然能够运动。

【3】　同样的现象在植物和动物中都是显而易见的，在植物中，我们会在种子的繁殖中或在嫁接和接枝中发现它。种子总是从中间开始生长。所有的种子都有两瓣，它们的交合处就在相接触的那一点上，在两者之间部分属于这两瓣；

植物的根和茎就是从这个部分出现的，发生点就位于它们的中间。在嫁接和接枝中对于胚芽尤其是这样；因为胚芽是枝叶的发生点，而且是位于中间的部分，所以人们或者将它剪下来，或者在这点上进行嫁接，以便它的枝条或根系在这里生长出来；这说明了发生点位于茎和根之间。

同样，在有血动物中最先形成的是心脏，这从所观察到的动物来看是明显的(在可能观察它们生长的范围来看)。所以，在无血动物中，最先形成的也是类似于心脏的部分。469ª 我们已经在《论动物部分》① 中说明过，心脏是血脉之源，而且在有血动物中，血液是各部分得以形成的最后营养物。很清楚，就食物来说，它的一种作用由嘴巴提供，另一种作用则由胃提供；但心脏是起支配作用的，它为最后的过程起了作用。所以在有血动物中，感觉的和营养的本原一定存在于心脏之中；因为相对于食物来说，其他部分的作用从属于心脏的作用；因为具有支配作用的部分，其目的是为了最后的结果，而不是为了次要的目的，这就像医生的目的是为了健康一样。而且，在所有有血动物中，起感觉作用的决定性的器官存在于心脏之中；因为所有感觉器官的共同感觉中枢一定存在于这个部分之中。我们可以清楚地看到，两个部分，即味觉和触觉部分，是以心脏为中心的，所以其他部分也一定是这样；因为在这个部分中，其他感官可能会产生某

① 见《论动物部分》，【3】，665ᵇ15。

种刺激，但味觉和触觉并不会扩展到上面的区域。除此之外，对于所有生物来说，如果生命存在于这个部分之中，那么感觉的发源地显然也一定是这样；因为我们说一个物体是活的，这是就它作为一个动物来说的，我们说它是一个动物，这是就它拥有感觉来说的。至于其原因，有些感觉显然和心脏相关，而有些感觉则存在于头之中（这使得一些人相信，动物感觉作用的发生是由于大脑），这个原因我们已经在别的地方[①]分别说明过了。

【4】　所以，根据所观察到的事实，从我们所说的可以清楚地看到，感觉灵魂，还有生长灵魂和营养灵魂都存在于这里，即存在于身体三个部分的中间位置上。这也可以通过推理得出，因为我们看到，在任何情况下自然在多种可能的结果中总是选择最佳结果；如果这两个本原都存在于这一实体的中间位置，那么身体的这两个部分，即接受食物的部分和将营养物加工到最后形式的部分，都将最佳程度地发挥自己的作用。因为灵魂会和它们两者都很接近，而且这种作用的中心位置将是起决定作用的。再有，使用工具的东西和它 469b
所使用的工具之间一定存在着差别（这种差别并不比空间和作用之间的差别小，如果后者可以比较的话），这就正如长笛和演奏长笛的手之间的差别一样。所以，如果动物是由它

① 见《论动物部分》，656^b5。

们是否拥有感觉灵魂来定义的话，那么在有血动物中，这一本原一定是存在于心脏之中，在无血动物中一定是存在于与心脏相关的某个部分之中。

但在动物中，所有的部分和整个躯体都拥有某种天生的自然热，所以在活着时它们显然都是热的，但死亡后或生命消亡后的情况正好相反。这种热的源泉一定来自于有血动物的心脏，对于无血动物来说，则来自于与此相同的部分；虽然躯体的所有部分都在发挥作用并消化营养，但起决定作用的器官在这种活动中仍然起着主要的作用。所以，当其他部分变冷时生命仍然存在，但一旦心脏这个区域变冷，那么死亡就会发生，因为其他所有部分的热源泉都是依赖于这个位置上的热，而且灵魂在这个器官中就仿佛因火而烧得灼热发亮，在有血动物中这个器官就是心脏，在无血动物中则是相当于心脏的部分。所以生命必然和热的维持是同时存在的，我们称为死亡的东西便是热的毁灭。

【5】 我们可以看到，火停止燃烧的方式有两种，竭尽和熄灭。由自身所引起的就叫做竭尽，由相反原因引起的就叫做熄灭，其一是由于老年而导致的死亡，另一是由于外力而导致的死亡。但事实上两种毁灭都是由同一种原因所引起，在两种情况下，一旦缺乏滋养它的养料，即它由于缺乏营养物而使热无法继续维持时，火就会停止燃烧。在熄灭的情况下，对立物通过抵制消化而使得火无法得到供应；但是

如果热由于没有呼吸和冷而聚积太多时，有时火也会熄灭；因为如果热聚积得太多，它就会很快消耗掉营养物，而且在发散物停止下来之前就将其消耗一空。所以，不仅小火苗很容易被熊熊烈火所吞灭，而且就是灯火，当其被置于一更大的灯火之中时，也会完全被它自身所燃烧殆尽，这就像其他 470a 任何可燃烧的东西一样。其原因就在于，大的火焰能够在新燃料增加之前便占有火焰中的营养物，火总是在产生着，并像江水一样涌动着，但它的速度是如此之快，以至于人们无法观察到。

所以，很显然，如果必须要保存热（如果生命继续存在就必然如此），那么在热源中就必须要有某种方法使热冷却下来，我们可以用木炭被火盆封起来时所发生的情况来加以说明，如果将它们一直用盖子盖着（我们把它叫做塞罩），那么它们很快就会熄灭；但如果我们一会儿将其盖上，一会儿又拿开盖子，就这样很快地交替进行，那么它们仍然能够燃烧相当长一段时间。另外，封炉也能够保护火的燃烧，因为灰烬是多孔的，它并不会堵塞空气的通道，而且封炉能够保护火不会因周围的空气而熄灭，所以，火并不会因它所提供的大量的热而熄灭。至于封住火炉以及用塞罩盖上火盆为什么会发生相反的结果，我们已经在《问题集》[①] 中作过说明了（在后一种情况下火很快就会熄灭，在前一种情况下火

① 所提到的这一段已佚。

能维持相当长一段时间）。

【6】 一切有生命的事物都有灵魂，正如我们所说过的，离开了自然热它就不可能存在，在植物中，由于其营养物和周围空气所提供的帮助，其自然热足以维持生存。因为当食物进入时会产生冷的效果，这就像人一样，在进食后立刻就会产生这样的效果，而禁食则会引起热和渴；因为一旦空气不运动它就总是会变热，但食物的进入会引起运动，它就会变冷，直到消化过程已经结束为止。如果由于季节的原因，周围的空气酷冷无比，一旦有冰霜发生，那么植物就会枯萎；如果是在炎热的季节，从地下而来的湿无法产生冷的效果，那么热就会因耗尽而完结。所以深受这种气候之苦的树木就被人们说成是因枯萎而伤以及被星星击中。因为这个原因，人们在树根下面放上某些形状的石头或盛了水的罐
470b 子，从而使植物的根系产生冷。至于动物，由于有些动物生活在水下，有些则生活在空气中，所以，它们能够从这些元素并凭借着这些元素而获得冷，前者依靠水，后者依靠空气。这种冷却过程是以什么方式以及是如何发生的，我们必须在对这一问题作进一步研究之后再来说明。

论呼吸

秦典华 译

* peri Anapnoees 据《洛布古典丛书》希腊本文。

【1】 有些早期的自然哲学家研究过呼吸，但有些人并没有说明这种现象为什么存在于动物之中，而有些作过解释的人，所说的话既无道理，也没有和事实进行充分的比较。其次，他们说所有的动物都呼吸，这并不是真实的。所以我们必须先来说明这些问题，以免有人认为我们对那些已经不能捍卫自己观点的人们进行没有根据的攻击。 470b7

很显然，所有有肺的动物都可以呼吸。但是，那些具有无血肺叶或海绵状肺叶的动物，其呼吸比其他动物要少；因此，它们能够因为身体的力量而长时间地在水中生存。所有卵生动物，例如青蛙这一类，都具有海绵状肺叶。其次，淡水龟或海龟能长时间在水下生存；因为它们的肺叶里很少有血，这种肺也没有太多的热；所以，一旦它充满了空气，通过其运动，它自身就会变冷，并使龟能长时间地在水中生存；但如果有人强行将其长时间浸入水中，这类动物就会被淹死；因为这些动物不可能在水里像鱼一样生存。而所有其肺叶包含有更多血液的动物，因为其大量的热，而需要更多的呼吸；那些没有肺叶的动物，根本就不呼吸。

【2】 阿布德拉的德谟克里特和其他一些谈论过呼吸的人，并没有对别的动物①作过任何详细的界说，而似乎在

① 指无肺动物。

说，仿佛它们全都呼吸；阿那克萨戈拉和第欧根尼都认为所有动物都呼吸，他们解释过鱼和牡蛎呼吸的方式。阿那克萨
471a 戈拉说，当鱼用鳃排出水时，它们通过吸入进入嘴里的空气而呼吸，因为并不存在什么真空；第欧根尼说，当鱼借助于嘴里的真空，用鳃排出水时，它们就从嘴周围的水中吸到了空气；这意味着水中有空气。但这都是不可能的。首先，由于他们只是涉及了对于两者共同的部分，而对另一部分事实未予说明。被称为呼吸的东西，既包括呼气，也包括吸气；然而他们根本就没有提到呼气，即这样一些动物是以什么样的方式呼气的。其次，他们也不可能说明这一点；因为当动物呼吸时，它们也必然会以和吸气同样的方式再呼气，就这样不断地交替进行，其结果是，在它们呼气的同时，它们又将水吸入嘴中。但水和空气必然会相遇和相阻。另外，当它们排出水时，它们同时也通过嘴或鳃而呼气，所以它们必然是同时进行呼气和吸气；因为他们说这个时间正是它们呼吸的时间。但是吸气和呼气不可能同时进行。从这个结论将会得出，如果有呼吸的动物必然既呼气又吸气，而且，如果这些动物不能呼气的话，很显然它们也不可能吸气。

【3】 此外，这种说法，即它们是通过嘴或通过经由嘴的水吸入空气，乃是不可能的；因为，它们由于没有肺而没有气管，它们的肚子直接靠近嘴，所以它们一定是利用肚子来呼吸。如果这样的话则所有其他动物也都是这样；但事实

上并非如此。而且当鱼出了水面后，我们就应当看到鱼也是这样；但它们显然并不是如此。再次，就所有能呼吸和吸入气息的动物来说，我们都可以看到在吸的部分具有某种运动，而在鱼身上则看不到这一点。因为它们显然并没有用肚子的任何部分运动，而只有鳃在动，无论是在水中，还是被捕捞上岸喘息时。再次，一旦任何进行呼吸的动物在水中被淹死，就会猛然排放出一些气泡；例如，如果有人强行将龟或青蛙，以及这一类的其他动物浸入水底，就会这样；但是，无论我们用什么方式来试，鱼绝不会这样，这说明它们并不是从水面外吸入气息。而且，他们所说的鱼的呼吸方式，对于潜于水底的人也应当是可能的；因为既然鱼可以凭借着嘴从周围的水里吸入空气，那么人和所有其他动物为什么就不能这样呢？我们也应该可以像鱼一样从嘴里吸入空气。如果前者是可能的，那么后者也应当是可能的；但既然在一种情况下不可能这样，在另一种情况下显然也不可能这样。除此之外，如果鱼能呼吸，那么它们为什么在空气中会死，而且可以看到它们仿佛就像窒息一般显出奄奄一息的样子呢？这并不是因为它们需要食物。第欧根尼所用来说明的原因幼稚愚蠢。他说，在空气中它们会吸入过多的空气，而在水中则吸入的空气适度，这就是它们死亡的原因。如果是这样，那么这对于陆栖动物也应当是可能的；然而事实上，陆栖动物并不会因为过量的呼吸而窒息。再次，如果所有的动物都呼吸，那么很显然昆虫也就应当呼吸；但是即使它们被分成多段，无论是分成两段还是被分割为多段，它们仍然能够生存，例如所谓的千足虫；那么它们又是如何呼吸或又用什么来呼吸呢？那些人在谈论这些事实时之所以不正确，最关键的原因乃是他们忽视了它们内在的部分，而且没有了解到自然所造就的一切事物都是具有某一目的的；因为如果他们询问过呼吸是因为什么目的依存于动物之中；而且如果考虑过与这些部分有关的这个问题，例如鳃和肺，那么他们要找到这个原因就会容易得多。

【4】 德谟克里特说，在有呼吸的事物中，存在着某种
472a 因呼吸而产生的结果，他坚持认为，它不会使灵魂湮灭；但他从来没有说明过，这正是自然造就呼吸的目的；因为一般而论，和其他自然哲学家一样，他也从来没有触及过这一类原因。他认为，作为球形微粒的基本形状，灵魂和热是同一的。所以，他声称当这些微粒被周围的空气挤压到一起后，呼吸就插入进来帮助它们。在空气中存在着大量的这种微粒，他将其称为心灵或灵魂。当人们呼吸时，空气便渗透进来，这些微粒也随之进入，由于抵消了周围空气的压力，这样就防止了存在于动物之中的灵魂分离。因此，生和死就在于吸气和呼气；因为当四周的空气的压力很大时，空气就不可能从外面进入并控制它，由于不可能呼吸，死亡就随之而产生；他认为，死亡乃是由于四周空气的压力致使这种形状的微粒从躯体中离异。但至于这种原因，即所有动物为什么

会一定在某一时间里死亡，并非在任何偶然的时间里，而且是由于衰老而自然地死亡，或由于天灾人祸而非自然地死亡，他并没有加以说明。这是很显然的，即有时死亡发生了，有时却没有发生，那么这个原因是外在的还是内在的呢？他甚至没有对呼吸开端的原因是什么以及它是外在的还是内在的作出过说明；因为外在的心灵并不负责这种帮助；呼吸及其运动的本原是由内部产生的，而并不是由于周围空气的压力。这种说法是荒谬的，即周围的空气在同时引起压力，而且由于它的进入而膨胀。他的理论以及他解释它的方式就是这样。

如果我们认为以前所作的说明是真实的，即并非所有的动物都呼吸，我们就必须相信，以上的解释并不是在所有方面都适用于死亡，而只是就有呼吸的动物而言的。甚至这些说明都不能令人满意。从事实和我们所有人都有的这类经验来看就十分明显。因为在酷热的天气里，当我们发热时，我们就会觉得需要更多的呼吸，而且呼吸更为频繁；而当周围的气候变冷时，躯体就会收缩和变硬，其结果就是呼吸放慢。而这时正应当是外部空气进入并抵制这种压力的时候。472b
但事实上，所发生的正好相反；因为，由于没有呼气，因而积聚了太多的热，正是这个时候我们才需要呼吸；我们必然通过吸气而呼吸。当人们热的时候，呼吸就会频繁，因为只有这样才会变冷一些，而根据德谟克里特的说法，人们应当在火上浇油才是。

【5】《蒂迈欧》所描述的呼吸循环并不能解释这一点，即就陆栖动物以外的其他动物来说，其热是以什么样的方式得到保存的，是不是由于同样的原因或不同的原因；因为如果呼吸只是存在于陆栖动物之中，那么我们就应该说明其原因是什么；如果呼吸也存在于其他动物之中，并以不同的方式发生，那也应当对此加以说明，如果所有动物都能够呼吸的话。

而且，对这种原因的解释方法乃是极荒谬的。因为根据这一理论，当热从嘴里出来时，它就会推动周围的空气，空气就经过肌肉中那些多孔的部分，被带回到内在热所出来的同一地方，这种相互替代是由于真空不可能存在；当空气变热以后又会以与前面一样的方式跑出来，并将从嘴里排出的空气再推回到热的环境里；这种活动就这样总是不间断地进行着，吸气，呼气。那么从这一理论便可得出，所呼的正是以前所吸的。但事实正好相反，事实可以说明，虽然这两者是交替进行的，然而呼是结束，所以吸必然是开始。

再者，动物又是由于什么样的目的而具有这些功能的呢（我指的是吸气和呼气）,持有这种理论的人根本就没有对此进行说明,而仅仅只是将其看作是和生命同时发生的某种现象。但我们看到，正是它们主宰了生和死。因为当呼吸的动物不再呼吸时，死亡就降临在它们头上了。再次，说我们只能感觉到热经过嘴时的连续存在和浸入，而觉察不到气息进入胸腔，以及在热的时候再次出来，那简直是荒唐透顶。说呼吸就在于热的进入也一样荒谬。因为事实显然正好相反；因为所呼的东西是热的，所吸的东西是冷的。当天气炎热时，呼吸就会变得艰难；因为进入的气息不足以起到冷却的 473a
作用，所以就不得不频繁地呼吸。

【6】 我们不能同意这种看法，即呼吸的形成是为了营养，内在的热是由于气息而获得养料，呼吸仿佛给火提供了燃料，而且火的养料充足时呼气便会发生。对于这种说法，我们可以重复在反对前面那些观点时所说过的话；因为这种事情或与它类似的某事物也应当在其他动物中发生。因为所有的动物都拥有维持生命的热。另外，我们又怎样来描述热从气息产生出来的荒谬过程呢？因为我们可以观察到，毋宁说它是从食物中产生。除此之外，它还会得出，动物是用同一通道呼吸营养和排泄废物；但我们可以看到，这在其他情况下并不会发生。

【7】 恩培多克勒也讨论过呼吸，但没有论及呼吸的目的是什么，也没有澄清所有动物是否呼吸的问题。他觉得在他谈到通过鼻腔的呼吸时他是在严格意义上来说呼吸的。甚至穿过鼻腔的呼吸也从胸腔出来穿过气管。没有后者通过鼻腔的呼吸就不可能。而且，动物缺少通过鼻腔的呼吸，但它们并不会遭受任何有害的结果，然而一旦穿越气管的呼吸被

阻碍它们便会死亡。在某些动物中，自然使得呼吸经由鼻腔乃是为了一个次要的目的，即为了能让它去嗅；这就是几乎 473^{b} 所有动物都享有的嗅觉的原因，但它们并不是全部都具有这同样的感觉器官。在其他地方我们已经对这个问题作过更为详细的说明①。

恩培多克勒解释说，吸气和呼气的发生，是由于存在着某些血管，它们盛有一些血但并没有被血所充满，具有一些空隙与外部空气相通，对于物体的部分它过于小，而对于空气则足够大；由于血的本性就是向上和向下运动，当其向下运动时，空气便流了进来，吸气便产生了，但当其向上运动时，空气就被排挤出去，呼气就产生了。他把这个过程比做计时漏壶所发生的过程。

万物皆呼吸，肌肉中具有
无血的细管，向外抵达身体的边缘，
在它们的开口处插入了许多细孔，
正好通过皮表，所以血不能外溢，
而空气却可以轻易地穿越这个通道，
缓和的血液一旦退却，汹涌的空气便会奔突而至，
一旦血液跃起，空气再次呼出，
宛如少女玩弄着闪亮的铜制漏壶，
当她用纤纤素手封住窄窄的颈口，

① 见《论灵魂》，第四卷，$421^{a}10$；《论感觉及其对象》，$443^{a}4$，$444^{b}7$—15。

浸入晶莹透明的水中，
水并没有流进这个容器之中，
由于空气在这些稠密的通口之内具有压力
阻止了水的进入，除非她放开这稠密的气流。
这样当水进入时空气便被排走，
同样，当铜器中注满了水，
手又封住了它的开口通道，
外面想进入的空气将水阻止在有声响通道的出入口，
由于紧压着它的表面，
除非少女将手移开。然而与此相反， 474a
一旦气体进入，水就外流，
当和缓的血液流经四肢时也是这样，
一旦它退却到那较深的去处，
那便会立刻导致气流奔突而至，
而一旦血液跃起，等量的空气便会再次呼出。

这就是恩培多克勒关于呼吸的说明。但正如我们所说的，那些呼吸显著的动物，在呼吸经过嘴或鼻腔时，其呼吸经过气管；所以，如果他是在这种意义上说到呼吸，我们就必须要考虑，他对这种原因的说明又如何和事实吻合呢；因为所发生的结果显然正好相反。当吸气时，人们便会提高胸腔的位置，就像熔炉的风箱一样（这是有道理的，正是热提高了这个位置，而且血液占据了热的区域）；而当呼气时它便衰微和下降，就像在其他情况下的风箱；如果是那样，它们便不会让空气从同一通道中进入和排出，然而，呼吸的动物可以这样。如果他说的仅仅是仰仗鼻腔的呼吸，那他就大错而特错了；因为呼吸并不为鼻腔所独有，气息要经过小舌附近的管道，嘴的最后端的部分便位于此，无论空气是进入还是排出，部分是经过鼻孔，部分是经过口腔。这就是其他哲学家在论及呼吸时所作说明中包含的问题的本性和艰难之处。

【8】 我们以前说过，生命和拥有灵魂要取决于某种程度的热；因为消化既不能没有灵魂也不能没有热，而动物乃是仰仗它吸收食物，只有火才能在所有情况下都具有这样的
474b 能力；所以第一营养灵魂一定是存在于躯体的这个位置，而且存在于本原直接依存的这个位置的这个部分之中。这个位置就在食物进入和废物排泄出去的中间。对于无血动物它没有名称，但对于有血动物这个部分就是心脏。动物的部分直接从其中得到生长的养料就是自然血液。血液和血管必然具有同样的来源，因为其一是另一存在的目的，即作为容器和接收器。在有血动物中心脏乃是血管的出发点，因为所有的血管都不能穿越它，而是从它向外伸展，我们可以通过解剖看到这一点。

离开了营养，灵魂的其他能力就不可能存在（其原因我以前在《论灵魂》中作过说明①），它也离不开自然之火，

① 见《论灵魂》，411^b18，413^b。

因为在火之中自然将它照亮，但火的毁灭既可以是由于熄灭也可以是由于燃料耗竭。熄灭是由相反者造成的；所以，无论火成团时还是散开时（这样熄灭得更快），它都会由于周围的冷而熄灭。这类毁灭是由于过分猛烈而导致，在有灵魂和无灵魂的事物中都同样如此；动物无论是由于器官被分割还是由于过于寒冷而被冻结，都会造成死亡。而耗竭则是由于过多的热；因为如果存在过多的热，如果不给燃烧的物体提供新的燃料，它就会熄灭，这并不是由于它变冷的缘故，而是由于燃料耗竭。所以如果它要继续生存，就必须要有冷的发生；因为这可以使它免于毁灭。

【9】 有些动物在水中，有些则生活在陆地上，就那些极小而且无血的动物来说，那由周围的水或空气所导致的冷就足以使它们避免这种毁灭。因为它们只具有微量的热，所以它们也只需要极少的保护。所有这样的动物几乎都寿命短，因为过小，它们在两个方向几乎都没有什么多余。但所 475a
有长寿的昆虫（因为所有的昆虫都是无血的）都在腰部有一裂纹，以确保它们透过一层薄膜而散热，因为那儿的薄膜更薄；由于它们具有更多的热，所以更需要冷，例如蜜蜂（有些蜜蜂寿命长逾7年）和所有嗡嗡叫的昆虫类，如黄蜂，大甲虫和蟋蟀。它们的声音就是通过呼吸而产生的，就仿佛动物在喘气；由于正位于腰部，它们内在的呼吸通过上下起伏而和薄膜发生摩擦，于是就使得这个地方运动，如同其他那

些从外部吸进气息的动物是用肺，鱼是用鳃一样。这与通过堵塞有呼吸动物的嘴巴而使其窒息的情况相同；因为这些动物也是用肺进行这种起伏运动的。对于它们来说，这种运动不能产生足够的冷，而对于别的动物来说则可以。正如我们所说，通过和薄膜发生摩擦，它们便发出嗡嗡的声音，就仿佛孩子们将一层薄薄的黏膜贴在钻了洞眼的芦苇上，然后透过芦苇吹出声音来一样，鸣唱的蟋蟀之所以发音，原因也就在此，因为它们是极热的动物，在腰部有一裂纹；但是，那些不能鸣唱的动物则没有这样的裂纹。

有肺然而肺中少有血且呈海绵状的有血动物，有些就因为这一原因能不呼吸而存活较长时间，因为肺能作相当大的舒张，它只有极少的血和湿气；它自身的运动足以使它长时间地保持冷。但是最终它不能一直继续；如前所述，如果它不呼吸的话它就会闷死。由于缺乏冷而采取毁灭形式的衰亡就叫做窒息，我们说以这种方式死去的动物就是窒息而死。

我们以前说过，在动物中昆虫并不呼吸，这对于一些小
475b 动物是显而易见的，如苍蝇和蜜蜂，因为它们能在液体中长时间游动，只要那里不太热或太冷（稚弱的动物具有较频繁呼吸的特点）；但是一旦它们的腹部被塞满，腰部的热一旦被耗尽，它们就会死亡，而且有人说它们会窒息而死。所以，即使它们已经在灰烬中呆了一段时间它们也仍然能够复活，在水栖动物中无血动物比起有血的、能在水里的动物，如鱼，能在空气中存活更长的时间；因为它们仅有少量的热，

空气能使它们在相当长的时间里保持冷，特别是甲壳类动物和乌贼。因为它们只有少量的热，这并不能使它们长久地活下去，大多数鱼也能在泥土中生存，虽然它们不能运动，人们通过挖掘能发现它们。因为没有肺或有肺而无血的动物，很少需要冷。

【10】 关于无血动物，我们已经指出过，它们是借助于四周的空气或者湿来维持生存；而对于有血和心脏的动物，即所有有肺的动物，都是通过呼和吸接受空气和制冷。所有胎生动物都有肺，而且本身即是胎生，而不仅仅外在地是这样（鲨鱼就是胎生的，但这并不是在本身的意义上说的），还有有翅类卵生动物，如鸟，以及有鳞类卵生动物，如乌龟、蜥蜴和蛇。前一类其肺部带血，而后一类的大多数其肺部呈海绵体状，所以，正如我们在前面所说的，它们很少使用呼吸。

所有在水下生存并度过其光阴的动物也都得呼吸，例如水蛇、青蛙、鳄鱼以及淡水龟；海龟、旱龟以及海豹也是如此。所有这些动物和同类动物都是在旱地里产仔，在岸上睡觉，或在水中睡觉时将嘴露出水面以便呼吸。但一切有鳃的动物都是通过让水进入而冷却自身。鲨鱼和所有其他无足动物都有鳃。所有的鱼都是无足类；它们在四肢的位置上所长出的东西，按照和翅膀的相似点而得到自己的名称。而在只有足的动物中，正如我们已经注意到的一种有鳃的动物被称为水蝾螈，在我们所观察到的动物中没有一种既有肺又有鳃。其原因就在于肺的目的是通过呼吸而变冷（它的名称pneumon似乎来源于它是作为气息pneuma的接收器），而鳃是借助于水来冷却；一个器官只能用于一种目的，对于任何动物来说，具有一种冷却的工具就已经足够了。我们可以看到，自然的一切都是有目的的，而且，如果存在着这样两个器官，其中一个必然是不起作用的。因此，有些动物有鳃，有些则有肺，但绝不会既有鳃又有肺。

【11】 所有的动物都必须用食物来维持其生存，并依靠冷来保存自己，自然利用了同一器官来达到这两个目的；正如有些动物可以用舌头既品尝滋味又用于发音，有肺的动物也是一样，嘴既被用来咀嚼，也被用于呼吸。但那些没有肺而且不呼吸的动物，嘴是用来咀嚼的，而鳃则提供所需要的冷。以后[①]我们将要说明前面所说的那些器官何以具有制冷的功能。为了防止因食物而引起的堵塞，同样的过程经常地发生于有呼吸的动物和让湿进入的动物之中。它们在呼吸时并不进食；如果进食，它们就必然会被食物窒息，无论是干的还是湿的食物，食物就会经由气管而进入肺部；因为气管位于食道的前部，食物要经过食道而进入被称为胃的腹
476b 腔。有血的四足动物其气管有一种被称为会厌的孔盖；鸟和

① 见《论呼吸》，【13】。

卵生的四足动物没有会厌，但它们可以通过气管的收缩而达到同样的目的；因为当摄取食物时，后一类动物就会收缩它们的气管，而前一类动物则将会厌闭合起来。当食物在运行时，后一类动物就会将气管胀大，而前一类动物则张开会厌，并为了制冷而进行呼吸。有鳃的动物当其将水从鳃部排出时会通过嘴来摄取食物；因为它们没有气管，所以它们不会因为水的进入而受到伤害，只有在它进入胃中时才会受到伤害。它们之所以排出水并快速摄食，而且在大部分情况下，它们具有锐利的牙齿，就像锯齿一样地排列着，其原因就在于此；因为它们不可能去嚼碎它们的食物。

【12】 在水栖动物中，可能有人会就鲸目动物提出这样一个难题，虽然也可以对它们进行合理的解释，这样的动物如海豚、鲸以及其他一切具有被称为鼻孔的动物。它们无足，有肺，然而又容许有水进入。我们已经说明了这一原因；因为它们并不是为着冷的目的而容许有湿进入。因为它们有肺，所以在呼吸时就会产生冷。这就是它们之所以在睡觉时将嘴露出水面，而鲸在任何情况下都要打鼾的原因。此外，一旦落入渔网，它们很快就会因不能呼吸而窒息；人们能看到，它们浮上水面以便进行呼吸。但由于它们必须在水中摄食，所以不得不让水进入然后又将水排出，这就是它们全都有鼻孔的原因；它们用鼻孔将水吸入然后又排出去，就像鱼使用鳃一样，鼻孔的位置就证明了这一点；因为它不会

导向任何有血的器官，而是位于大脑的前面，并从这里将水排出去。软体动物和甲壳动物也是因为同样的原因而将水吸入，我所说的这种动物如龙虾、螃蟹。它们并不需要冷；477a 因为它们每一种几乎都没有什么热而且是无血的，所以依靠周围的水而产生的冷对于它们来说就足够了。但它们进食时吸入了水；(所以就必须排出水)以便它们吸收食物时水无法涌入。硬体动物，如螃蟹和龙虾，是通过在多毛部分之间的褶皱而将水排出的，乌贼和章鱼是靠所谓的头上部的空洞来达到这一目的的。我们已经在《动物志》[①] 中对这些现象作了更为确切的说明。关于水的进入，我们已经解释过，其原因是制冷，而且是因为本性生活在水中的动物必须从水中得到食物。

【13】 接下来我们必须要解释对于有呼吸的动物和有鳃的动物这种冷又是如何发生的。我们以前说过，一切有肺的动物都呼吸，这样就产生了两个问题，为什么有些动物拥有这一器官，为什么拥有这一器官的动物需要呼吸。其原因就在于，愈高级的动物所需要的热就愈多；同时它们一定具有一种更高级的灵魂，因为它们拥有比鱼的本性更高级的本性。所以，肺上具有极多的血和热的动物体形更大，而且血液最纯净最丰富的动物乃是最直立的，这就是人；人的这种

① 见《动物志》，523^a30。

"上面"部分和宇宙整体的"上面"部分相一致，这仅仅是由于人具有这样一个肺。所以，无论是就人还是就其他动物来说，这个部分一定和其他部分同样都是动物本质的原因。由于这个原因它拥有它。我们必须设定，由于必然的原因和动力因，这样的动物就是这样被创造出来的，正如还创造了许多并非这种构造的动物一样；因为有些生物是由更多的土而产生出来，例如植物这一类，有些则是由水而生，例如水栖动物；但是对于有翼类和陆栖动物来说，有些则是出自于气，有些出自于火。每一种都在与其特有元素相应的区域里生存着。

【14】 恩培多克勒的这种说法是错误的，他认为含有最多热和火的动物生存在水中，它们可以凭此而避免它们本 477b 性之中的过多的热，以便它们能够仰仗其栖息地的相反特性而得以生存，它们的冷和湿过少；因为湿中的热要比空气中的热少。但是以为所有这类动物都应当生存在陆地上然后再迁徙到水中的想法是极其荒谬的；因为它们几乎都无脚。然而他在描述它们最初的构造时说，它们最初是生于陆地，然后离开了陆地而迁到水中。而且，很显然它们并不比陆栖动物具有更多的热；因为它们中有些根本就没有血，有些只有极少量的血。

但是，关于这个应称之为冷和热的问题，我们已经就每种情况讨论过了。就恩培多克勒所作出的解释来说，一方面他所确立的观点是有道理的，但另一方面他所作出的说明是不真实的。任何状况的过度都会在对立性质的环境里和季节里得到缓解，它们的构造只有在与其相适应的环境里才能得到最好的保护；因为任一个别动物的质料都和它的状态与排列不同。我的意思是说，如果自然用蜡来构造某一事物，那它就不会将其置于灼热的气候下以保存它，如果它用冰制造了某一事物也一样不会；因为那样的话它就会很快地被其相反者所毁灭；热会熔化由其相反者构成的事物。如果它是用盐或硝石制造的事物，它就不会将其取来置于水中；因为水会毁灭由热和干构成的事物。如果构成所有物体的质料，其性质是湿和干，那么由湿和冷所构成的事物自然就存在于水中〔而且如果它是冷的，那它就将存在于冷中〕，由干所构成的事物则存在于干燥中。因此树木不是在水中生长，而是在陆地上生长。然而按这同一种理论却应将它们安排在水中，因为它们太过干燥，正如他所说的那些太过热的事物一样。它们之所以存在于水里并不是因为冷而是由于湿。

所以质料的本性和它们所存在的位置是相互一致的，湿的事物存在于水中，干的事物存在于陆上，热的事物存在于
478a 空气中。但是，过热的状态会在冷的环境里消解，过冷的状态会在热的环境里消解；因为它们的环境消解了状态的过度。我们必须在每一种质料所存在的位置上，并根据共同的季节变化寻找达到这一目的的方法；因为身体的状态可以和它们的环境相反，但质料却绝不可能这样。这也就足以解释，何以在它们的构造中，有些动物是水栖的，有些则是陆

生的，这并非如恩培多克勒所说的是由于它们的自然热，而且也说明了为什么有些动物有肺，有些则没有肺。

【15】 那些有肺的动物，特别是在肺中充满了血的动物，之所以接受空气并呼吸，其原因就在于肺具有海绵体的特点并布满了细细的管道。这一部分所含的血比任何其他内部器官所具有的血都多。这个部分充满了血的所有动物都需要急速的冷却，因为它们生命之火的变化余地太小，而且由于大量的血和它所含有的热，空气必须穿透整个肺。空气能够轻而易举地实现这两个功能；因为它在本性上是如此之稀薄，所以能够很快地充满整个肺部并使其变冷。但是水正好相反。因此，肺部充满血的动物其呼吸最频的原因是十分明显的，因为愈热的动物就需要愈多的冷，而在同时气息能够轻而易举地传递到心脏中的热源上。

【16】 心脏是以什么方式通过通道与肺部相联系，这应当求助于解剖学和在《动物志》① 中所作的描述。一般而论，由于灵魂在心脏中获得的强烈的热，动物的本性就需要冷。就那些有肺和心脏的动物来说，通过呼吸就可以导致冷；但对于那些只有心脏而无肺的动物来说，如鱼，由于它们具有水栖的本性，它们就只有在水中通过鳃来制冷。心脏

① 见《动物志》，496^{a} 等，511^{b} 等。

478b 相对于鳃的位置，就可见的证据来说应当通过解剖学来寻找，而且要得到确切的细节必须涉及《动物志》[1]；为了概括说明我们现在的目的，这些事实可以从以下方面来看。有人也许会认为，陆栖动物和鱼，其心脏的位置是不同的，但实际上是同一的。因为心脏的顶端位于它们头部所指的方向上。但由于陆栖动物和鱼的头并不指向同一方向，就后者来说，心脏的顶端是直接朝向嘴的方向的。心脏的顶部有一软管，就像一坚韧的血管，与所有鳃都聚合在一起的那一交合点相连接。这是最大的一根软管，但是从心脏的两边还有一些细管和每一片鳃的两端相连，冷通过这些细管而到达心脏，水不断地从鳃的通道中经过。那些有呼吸的动物也一样，当它们吸进和排出气息时，胸部就不断地向上、向下运动着，正如鱼鳃的运动一般。如果空气太稀少而且始终保持原样，有呼吸的动物就会窒息而死；在任何一种情况下，它很快会变热，因为和血液的接触会使它发热。血液的热会妨碍冷；如果由于疾病和年老，有呼吸的动物不能启动肺部，或水栖动物不能启动鳃，那么死亡就会接踵而来。

【17】 生和死是一切生命体的共同特点，但不同类的生物其生死的方式不同；因为毁灭就并非没有差别，虽然它们有某些共同之处。死亡既可能是强迫的也可能是自然的；

---

① 见《动物志》，507b3。

强迫的死亡根源于外部事件，而自然的死亡根源于生物体自身，而且其构造从一开初就包含了死亡，它并不是由于外部事件的影响。相对于植物这就叫枯萎，相对于动物则叫做衰老。死亡和毁灭是所有并非不完善的动物的共同命运；不完善的动物也具有同样的结局但方式不同。“不完善”这个词我是指，如蛋和植物种子在胚胎和根出现之前的状态。在一切情况下，死亡都是由于缺乏热所引起，而对于完善的动物，热的缺乏就存在于其生存本原所依存的部分中。如前所说，这个位置就位于上、下两部分交合的那一点上，相对于植物，这一点就在嫩芽和根部之间；相对于有血动物位 479a
于心脏，而相对于无血动物则位于类似的器官中。有些生物在潜能上具有多种生命本原，虽然在现实上只有一种。这就是有些昆虫被分割后仍然能够生存的原因，甚至在有些动物中，相对于那些生命力不够旺盛的动物，在摘除了心脏后仍然能活较长一段时间；如龟，只要它们的壳还在，那么它们就能一直移动它们的脚，因为它们的本性在构造上还处于低级阶段，对于昆虫来说就更是如此。

一旦与生命本原密切相关的热不能用冷来消解时，生命的拥有者就会丧失其生命本原。因为正如我多次所说过的，热会被它自身所消耗光。一旦肺和鳃变硬，那么肺和鳃就会由于时间的流逝而发干，并且变成土质，动物就无法运动或舒展收缩这些器官。这时生存已走到了自己的尽头，生命之火终至熄灭。

所以，在老年时即使微弱的惊吓也会引起急速的死亡，因为它们所残留的热已经很少，大部分热已经在生命的漫长时期里在呼吸时消散了，在这个部分上发生任何过于劳累的事情都会使它很快地熄灭。就仿佛心脏中的微弱的火苗，轻轻的运动也会使其熄灭。因此衰老者的死亡是无痛苦的；因为老年人的死亡并非发生了任何严重的疾病，而且其灵魂的消散是不知不觉地发生的。所有因肿瘤和分泌物或者过多的能致病的热而引起的肺硬化的疾病，都会导致呼吸加速，就像人们发烧时一样，因为这时肺部不能有效地舒张和收缩；当它们不再可能使肺部运动时，它们就会咽下最后一口气而死去。

【18】 诞生乃是第一次以热为中介而分有营养灵魂，生命乃是它的继续。青年属于第一冷却器官的生长时期，而老年则是它的衰退时期，壮年是处于这两者中间的阶段。强
479b 迫之死或毁灭乃是由于热的丧失或衰竭（因为这两个原因都可能引起死亡），而自然之死则是在时间流逝过程中同样事物的衰竭，而且它已经达到了它所要达到的目的。在植物中这就叫做枯萎，在动物中就叫做死亡。老年时的死亡是由于年老而无法产生冷从而引起器官的衰竭。这样我们就对诞生、生命和死亡作出了说明，并解释了它们在动物中发生的原因。

【19】 从这些事实就可以明白，有呼吸的动物是由于什么原因而在水中被窒息而死，鱼何以在空气中被窒息而死，因为后者是依靠水，前者是依靠空气来得到冷，而实现这种功能的两种方式由于环境的变化而被替换掉，有关鳃和肺运动的原因，即通过舒张和收缩、呼和吸或接收和排出水，以及这一器官的构造，我们将在下面来加以说明。

【20】 有关心脏存在着三种现象，它们似乎具有同样的本性，但实际上并不相同，这就是悸动、跳动和呼吸。

悸动是由于排泄物或分泌物的冷却而使得心脏中的热猛烈地集中，例如在被称为心悸动和一些其他疾病中就有这种现象发生，在恐惧时也会发生这种情况；因为当人们害怕时，上面部分就会变冷，热便移往他处并在心脏中集中起来，这样就导致了悸动。由于被迫挤压到一个如此狭小的空间里，以至于有时动物要遭受灭顶之灾，并因恐惧或疾病而致死。

心脏的跳动，正如所看到的那样，是连续不断的，就像脓肿的抽动一样。但是后者带有疼痛，因为在血液中发生的某种不自然的变化，只要所形成的脓液没有被消除，它就会一直抽动。这种现象和沸腾有些相似，因为沸腾就是由于热使得液体蒸发，并且由于体积增加而膨胀。但是在脓肿的情
况下，如果没有任何破口，脓液就会变得越来越多，最后就 480a
会导致腐烂，而沸腾的结果是容器中所盛液体的外溢。但心

脏的跳动是由于热使得液体膨胀而引起，食物则为它保证经常的供应。当这种液体上升到心室的外壁时，心跳就会产生，而且持续不断地进行着；因为这种液体不断地流入，它就构成了血液；血液是最先在心脏中被制造出来的。这在生育的最开初是很显然的；因为在血脉变得有差别之前，可以看到心脏中所包含的血液。因此年轻人的心跳比老年人的心跳更有活力，因为年轻人的这种发散物更为丰富。所有的血脉都跳动[①]，而且它们是相互同时进行的，因为它们都和心脏相连。心脏不断地跳动着，所以血脉也在不停地跳动；当心脏在跳动时，血脉也就相互在同时跳动。而悸动则是心脏对冷的压力所作出的一种反应，心脏的跳动乃是受热液体的蒸发。

【21】 当包含了营养本原的热实体增加时呼吸就会发生。就像身体的其他部分需要营养一样，这个部分也需要，甚至比其他部分更需要营养，因为它是其他部分营养的原因。它的增加会引起这一器官的隆起。人们可能认为这种器官在结构上极其类似锻炉的风箱，因为心脏和肺与这种形状十分一致。这种器官一定是双重的；因为营养部分一定是位于自然能力的中间。当其[②]体积增加时它就会膨胀，而这

① 并非所有的血脉都跳动，亚里士多德并没有区分静脉和动脉。

② 即热实体。

又必然会引起它的周围部分的膨胀。当人们呼吸时就可以看到这种情况的发生；他们使胸腔膨胀，因为上述器官的本原即居于胸腔之中并导致这种器官的相同的膨胀；当胸腔隆起时，外部的空气因为冷必然会进入胸腔，就仿佛空气进入风箱之中，而且通过冷却作用而抑制过多的火。正如增加会使 [480b]
这一部分隆起，减少必然会使其下陷，当其下陷时已进入的空气就必然会再次溢出。它吸进冷而释放热，其原因就在于它和存在于这一部分中的热相接触，这种情况特别是与肺部有血的动物相关。在肺部中有许多类似于水渠的管道，空气即由此进入，每一根管道之旁又有一血管，所以整个肺显得充满了血。空气的进入就被称为吸，排出就被称为呼，只要动物活着并保持这一部分连续地运动，那么这一过程就不会停息。这就是生命要依赖于呼和吸的原因。

相对于鱼来说，鳃的运动也是以同样的方式发生的。当血中的热实体通过身体中的这一部分而升起时，鳃也会舒张，并让水通过；而当它冷却并经过其通道而退回到心脏时，鳃便收缩，并排出水。由于心脏中的热不断上升，所以当它变冷时心脏会连续不断地接受它并又排出它。所以，由于有呼吸的动物其生死完全依赖于呼吸，相对于鱼来说，它们则依赖于水的进入。

事实上我们已经完成了有关生、死以及类似问题的研究。对有关健康和疾病的问题，不仅医生，而且自然哲学家都应当在每一点上来讨论它们的原因。但这两种研究的不同以及研究不同问题所凭借的方法绝不能为我们所忽略，事实表明在某种范围内他们的研究具有共同的目的；因为那些心灵敏感而且有学识的医生也谈论过一些自然科学的事情，并宣称是从它们来获得他们的原则，而绝大多数有造诣的研究自然的人都试图以医学原则来结束其研究。

论气息

秦典华 译

* peri Pneumatos 据《洛布古典丛书》希腊本文。

481a 【1】 自然气息得以维系的方式是什么?它增加的方式又是什么?我们可以看到,它是按照年龄的变化以及身体状况的变化而在体积、力量上增加的。也许和身体其他部分一样，它也是因增加某些实体而增加。增加到有灵魂事物上去的是营养物，所以我们必须考察这种营养物的本性和来源。营养物产生的方式有两种，或者是通过呼吸，或者是通过消化食物，就像身体其他部分的情况一样。其中通过消化食物的方式似乎更有可能；因为物体是靠物体来滋养的，气息就是一种物体。那么这种方式又是什么呢？很显然我们必须假定气息是通过从血脉中吸取和消化营养物而得到滋养，因为血液是所有部分最后的营养物。所以气息将营养物吸收进它的热实体之中，就仿佛吸收进某一容器或接收器中。空气吸收营养并引起运动，而且因使用消化功能而导致增长并得到营养。也许这里没有什么值得奇怪，但如果说气息在第一种情况下是来自于食物那倒是十分奇怪的，因为在本性上与灵魂同一的东西要更为纯净；除非有人假定，由于精子被分离出来而且实现了它们真正的本性，所以灵魂是在肉体之后产生的。再有，如果所有的营养品都有废弃物，那么相对于气息来说又如何将废弃物排泄出去呢？认为是呼气将其排除出去是没有道理的，因为它直接伴随着吸气。很显然，现在剩下的唯一解释是通过气管的管道。被分泌出去的废弃物或者更精细,或者更粗糙;然而这两种情况都是荒谬的,如果气息是最纯净的实体，它又怎么可能更精细呢？如果它更粗糙，那么有些管道就一定会相应地更宽大。设想我们是通过同样一些管道接受和排出气息，那也是毫无道理而且荒诞不经的。关于气息的增长和维持是由于营养物这一话题，我们就说到这里。

【2】 它们是由于呼吸，亚里斯托根尼正是这样认为的（他认为气息也是一种营养物，空气在肺部中被消化，它被
481b
吸收到几个容器之中，而废弃物则再被排泄出来），这种观点甚至疑点更多。因为是什么引起这种消化呢？似乎为气息自身所消化，就像它消化其他事物一样。但就它本身来说这是根本不可能的，除非气息与外部空气没有什么两样；如果有什么不同，也许在它之中的热可能会引起消化。这也许是有道理的，即，它应当更粗糙一些，因为它和从孔道中来的以及自一般固体部分来的湿相结合；所以消化是为了躯体的存在。但说废弃物更精细可能有人会相信。再有，消化如此快速也是没有道理的；因为吸气后随即就是呼气。那么引起这种快速变化和改变的又是什么呢？我们一定会自然而然地猜想是热，感觉也为此提供了证据，因为被呼出的是热。而且，如果被消化物存在于肺部和气管中，那么热的潜能也一定存在于它们中；然而他们否认这一点，他们说，气息的运动使营养物变热。如果说气息是从别的来源吸引了热，或从外部的刺激接受了热，那就更加令人不可理解了。此外，它自身并不是第一动者。

另外，呼吸只能达到肺所能及的范围，正如他们这些人[①]所说的那样，但气息则遍布全身。如果气息能从肺部分散到其他部分，其中包括那些肺以下的部分，那么消化又怎么能够如此快速呢？这是一个更为显著而且漏洞更大的问题；因为肺不可能在消化发生时将空气传送到下面的部分；然而在某种意义上说，如果消化发生在肺部，这又似乎是必然的，而且下面的部分也会受到呼吸的作用。

如果这样的话，那么这个结论就包含了更大的漏洞而且相互抵触，即消化仅仅是因为经过和接触而发生。

这一点更没有道理，而且更经不起推敲，即，如果同一原因[②]既可以适用于营养物又可以适用于排泄物的话。若消化是由于任何其他内在部分，我们将运用同前面一样的论证予以反驳，除非我们准备假定：排泄物并非从所有营养物产生，也不是在所有动物中发生，也和在植物中不同，因为 482a
我们并不能在躯体的每一个部分中找到它，或者即使我们去找，也不能在所有动物中找到。但根据这种观点，容器就会像其他部分一样增加，而且，由于它们变宽和膨胀，进进出出的空气就会增加。如果一定有某种空气被包含在它们中，那么我们正提出的这个问题——气息的本性是什么，它如何在有利于健康的情况下增加——从我们刚说过的那些来看就

① 指亚里斯托根尼等人。

② 即指同一孔道。

会变得十分清楚。没有呼吸的生物又如何滋养并增加内在气息呢?在它们这种情况下，营养物不可能自外而来。但如果它是从内在部分、从共同的营养而来，那么在前一种情况下它还是有道理的，因为同样的原因和同样的方式会产生同样的结果。当然，除非后者也是从外部获得营养物，就像它们感觉气味那样;然而这意味着存在某种类似呼吸的过程。人们可能会就这个问题提问,它们是否真正不呼吸呢?——以这个论证和它们摄入食物的方式为例(因为它们一定在同时吸入了气息),而且,我们可以用这个理由来反驳,即，由于需要冷它们一定要呼吸，和其他生物一样，它们也需要冷。然而，如果冷是通过横膈膜发生，那么空气的进入显然也一定是以同样方式发生；所以这里存在着某种类似于呼吸的过程。但这并没有明确空气是如何以及是由什么力量而被吸入。如果不存在吸入的问题，那么空气的进入又是怎样发生的呢？那么除非它是自发的。这个问题需要就它本身来加以考虑。

再有，对于水栖动物来说，内在气息又如何得到滋养和增加呢？除了它们不呼吸外，我们认为在水下根本不可能有空气。所以剩下的是通过食物，在这种情况下，要么这一过程对所有生物并不相同，要么其他非水栖动物也是通过食物而接受它；这三种说法，其中必有一种是正确的。关于气息的增加和营养物我们就说到这里。

【3】 关于呼吸,有些人,如恩培多克勒和德谟克里

特，并没有指明它是因为什么原因而发生，而只是说明了它发生所凭借的方法；其他一些人甚至连这种方法也根本没有说明，但又把它当作是一种显而易见的事。我们必须要弄清楚，它的目的是不是冷却。如果热存在于上面部分，那么下面部分就不需要冷。但内在气息渗透了整个身体，它的源泉是肺。内在气息似乎也是连续不断地分散在身体的每个部分，所以，我们必须要证明情况并非如此。如果说下面的部 482b
分不需要运动的力量和与营养物类似的东西，那是没有道理的。如果气息遍布全身，那么冷却就不可能是它的目的。而且，气息分配的过程是感觉不到的，它的速度也是感觉不到的；再有，如果它是来自于身体的所有部分，那么它倒流的方式就会让人感到惊奇，除非它以某种不同的方式再从最远的部分返回，在首要的和严格的意义上说是从心脏周围的区域返回。在许多事例中我们可以观察到这种在作用上和功能上的差异。认为分配应当传到骨头上去，正如他们说的那样，它是从气管而传到骨头上的，这是荒谬的。所以，如前所说，我们必须要考察呼吸，它的目的是什么，它发生在什么部分之中，以及它是如何发生的。再者，营养物似乎并不是通过气管而被带到所有器官，例如容器自身以及某些其他部分；植物就生存着并接受营养物①。也许在讨论营养物时再讨论这些问题更为恰当一些。

① 因为植物并没有气管。

【4】 在气管中气息的运动有三种，即呼吸、脉动，以及引入并吸收营养物，我们必须逐一解释它们是在什么地方发生，如何发生以及为什么发生。其中脉动是能感觉到的，无论我们接触到身体的哪一个部位；呼吸也能在某一点的位置上感觉到，但它的运动主要是通过推理而了解到，影响营养物的运动几乎完全是通过推理而了解到，但就可以从结果来确定的范围内，它也可以通过感觉而得知。很清楚，呼吸具有内在的源泉，无论我们将它说成是灵魂的功能，或灵魂自身，还是某种肉体的混合物（它由于自身力量而导致这种相互吸引）。营养功能似乎是由呼吸所引起的，因为两者相互一致，而且相类似。这种运动所发生的时间对于整个身体来说是否不均等，对于它的同时性来说是否没有什么差别，要弄清楚这些，我们就必须考察所有部分。脉动和其他两种运动显然不同，它似乎是出于偶然，因为，一旦在液体中有大量的热，那么，由于内部空气受到限制，被蒸发的东西就会引起脉动；但它产生于原初的部分和最早的时期，它本性上即存在于最早的部分之中；它主要是最早存在于心脏中，并由此而延伸到其他部分；也许这是动物基本本性的必
483a 然结果，当生物在活动时，这就会显露出来。

以下事实可以表明，脉动和呼吸是没有联系的，因为无论一个人的呼吸是快还是有规律，是强烈还是轻微，脉动始终保持不变，但它会由于某些身体的痛苦以及恐惧、渴望、

灵魂不安宁，而变得无规律而且是间歇性的。

接下来我们必须考察脉动是否也发生在动脉之中，是不是以同样的节奏。在那些分开得较远的部分中似乎并不是这样；如前所说，它似乎根本就没有什么目的性。然而呼吸和吸收营养物，无论它们被认为是独立的还是相互联系的，显然都具有目的，而且我们可以从理论上加以某种解释。在三种功能中，认为脉动和呼吸在先是有道理的；因为营养物就意味着某种潜在的事物。抑或情况不是这样呢？胎儿刚一离开母腹就开始呼吸了，无论是在生存期还是在形成后它都需要呼吸和营养，但脉动从心脏正形成的开初就开始了，就像我们从蛋的生成中所观察到的那样。所以脉动是在先的，类似于某种活动，它并非是截住气息，除非它也有助于这种活动。

【5】 他们说，被呼吸的气息并不是从食道进入腹腔(这是不可能的)，沿着腰部有一孔道，在呼吸时气息沿着孔道经过气管进入腹腔，然后再排出，这可以通过感觉而感知。但关于这种感觉存在一个问题，即，如果只有气管在感觉，那么这是通过经由它的气息呢，还是通过一团气息，抑或通过其躯体的本性呢？或者，如果空气是最先隶属于灵魂之下，那么它是否通过这种决定性的在先的空气来感觉呢？这一灵魂是什么呢？他们说，有一种潜能，它是这种运动的原因。很清楚，如果责难那些说它是推理功能和情感功能的

人，那是不恰当的。因为他们也说过这些是潜能。但是，如果灵魂存在于这种空气中，那么这空气至少是中性的。如果它变为有灵魂的东西或灵魂，那它就要遭受某些作用和变化，它自然地要被吸引到与它同类的东西上，同时通过同而增长。抑或情况并非如此呢？因为据说空气并不是灵魂的全部，而只是某种有益于这一潜能的东西，或者在这种意义上创造了它的东西，而创造它的东西便是它的本原和基础。

483b 然而，对于那些不呼吸的动物，内部空气是在什么地方没有和外部空气相混合呢？如果情况不是这样，它是不是以别的方式相混合呢？气管中的空气和外部的空气有什么差别？假定前者比后者更精细是有道理的，而且也许是必然的。再有，它自身是否就是热的呢？或者是否由于别的事物而变热呢？内部的空气似乎和外部的空气相似；但冷有助于它。哪一些情况是真实的呢？空气在外面时是柔和的，但一旦被关闭住它就会以某种方式被凝结，并被分散而成为气息。当它在液体中以及在身体的固体部分中到处流动时，它是否一定会以某种方式而被混合呢？如果它被混合，它就不是最精细的东西。然而，有理由认为，灵魂的居所应当是这样的，除非灵魂也是这样一种东西，不纯粹而且是混合的；并且只有气管才应当让气息进入，而腱则不可能这样。两者间还有这样的差别，即，腱是有弹性的，而气管则像血脉一样很容易破裂。皮肤由腱、血脉和气管构成；皮肤包含有血脉是因为当皮肤被扎破时会渗出血来，包含有腱是因为它有弹性，包含有气管是因为它让空气从其中通过；因为只有气管能让空气进入。血脉中有孔道，热就存在于其中，并使血脉变热，这就仿佛在锅里的情况一样。因为它在本性上并不热，而且由于热使其扩散，就像金属被熔化一样。所以气管变得较硬，而且在它自身之中以及在包裹着这个气管的覆盖物中具有湿的性质。这从解剖来看，从血脉和气管（它们可能是营养物的运输工具）与肠和腹腔相连接这一事实来看，都是显而易见的。营养物从血脉被分散到肌肉，但并不是从血脉壁经过，而是从它的出入口经过，就像从一导管中经过一样。在一旁，精细的血脉从沿着每一条肋骨的大血脉和气管那里伸展开来，血脉和气管始终是并行的。骨头之间由腱和血脉连结，并将它们和身体的中间部分结合起来，并形成头和身体的连接处。鱼就是通过这里而让食物进入并呼吸；如果它们不呼吸，一旦被捕出水面就会立即死亡。

血脉和气管是相互连结的，甚至对于感觉来说这也是 484a
显而易见的。如果湿不需要气息，气息不需要湿，那么情况就不会这样，因为在腱、气管以及血脉中都存在着热，腱中的热最热，而且和血脉中的热最相似。

热并不适于气息所停留的区域，特别在为了冷的缘故时是如此。如果动物用外在的热产生并重新燃起自身的热，那里就会存在热。此外，对于所有拥有热的事物，如果没有什么抵制和冷却它，在某种意义上说，持续性就是自然的；所有事物都需要冷，这从血液保持了血脉的热（就像遮蔽它那样）来看就十分清楚。所以，一旦血液外流，动物就会失去热并死去，因为肝脏没有气管。

【6】 精子是否要穿过气管?它的孔道是否也是由于压力，而且是不是仅仅在泄精时才会发生呢?这些事实也说明，血液变化为肌肉，由于腱是从骨头得到营养，它们将骨头连结在一起。抑或这也不是真实的呢?因为在心脏中也有腱，腱和骨头相连结，但在心脏中的腱和任何别的东西并不相连，腱的终点就是肌肉，也许这什么都不是，因为腱的营养物仍然是来自于骨头。毋宁说骨头自身就是从腱得到营养，然而这也是让人不解的；因为骨头的本性是干，而且也没有液体流经的孔道；营养物是液体。我们必须先考察，如果它是来自于骨头，骨头的营养物又是什么；这些孔道是否将营养物从血脉和气管送到骨头自身。在许多部分都可以看到这些孔道，特别是那些通向脊骨的孔道。那些从骨头而产生出来的孔道是连续的，例如，肋骨的情况就是这样；但它们又是以什么方式从腹腔产生出来呢？营养物的吸取又是怎样发生的呢？大部分骨头都不带有软骨，例如脊柱，它们完全不宜于运动。它们是否就是以连接为目的呢？另外，如果骨头是从腱得到滋养，那么人们就一定知道滋养腱的东西是什么。我们说它是从围绕它的液体得到滋养，这种液体具有黏性的特点。这样我们就必须要明确这是由于什么原因发生以及是如何发生的。肌肉由血脉和气管构成，因为在它任何

一点上只要被扎破都会流血，这一点相对于其他动物诸如鸟、蛇、鱼以及一般的卵生动物，都不适用。这种情况只是发生在充满血的动物中，相对于小鸟来说，即使它的胸脯被割开，所流出来的并不是血液，而是浆液。恩培多克勒认 484b
为，指甲是由于腱硬化而成。皮肤和肌肉两者之间是否也是这样呢？具有硬壳或软壳的动物又是怎样从外部获得营养物呢？似乎它们正相反，是从内部而不是从外部获得营养物。再有，从腹腔而来的食物孔道又是如何发生以及通过什么样的过程发生呢？此外，它们是否还要再回到肌肉之中呢？尽管这是没有道理的。因为这一过程似乎太离奇了而且是绝不可能的。也许不同的动物具有不同的营养物，并非所有的动物都由血液来得到营养；然而从血液中可以得到其他的营养物。

【7】 现在我们必须要考察骨头的本性，它们的存在是否就是为着运动或为着支撑，或者是为着作为一个覆盖物和包裹物，有些骨头是否是运动的源泉，就像宇宙的轴线那样。“为着运动”我是指脚、手、腿或肘的运动，无论是弯曲还是位移；没有弯曲也就不可能有后一种运动。起支撑作用的是骨头。“覆盖物和包裹物”我指的是例如头盖骨覆盖着大脑，或者就像那些把骨髓看作是运动本原的人，他们说骨头包裹着骨髓。肋骨的目的就是将躯体固定在一起。脊骨是运动的根源，它自身是不动的（从脊骨生长出来的肋骨，其目的就是将躯体固定在一起）。这样的事物一定存在着；因

为所有的运动都依赖于某种自身静止的事物。

同时一定还存在着终极因；有些人就将运动本原归属于终极因，如脊髓和大脑；除此之外，在连接处一定有骨头，它们的目的就是将几部分固定在一起，例如头颈骨；也许这种骨头的名称（关节骨）就是从它的功能得来的。每一块骨头都恰到好处地适宜于它的目的。如果这些部分，例如脊柱、脚以及肘，并不是它们所是的那个样子，那么无论是整个身体还是某些部分都不可能会有弯曲；因为肘要达到它的目的必然向里弯曲；对于脚和其他这些部分也同样如此。一切事物都有某种目的，在大骨头中所包含的小骨头也是这样；例如，前臂的活动范围就是为了使肘和手弯曲。否则我们就不可能使手掌上下转动，也不可能抬脚和弯曲脚，如果在运动时不存在这两种活动范围①的话。同样我们还必须要考察其他情况，例如脖子的运动，它是否只有一块骨头。我们还必须要考察那些目的在于抓握或连接的骨头，例如膝盖上的膝盖骨，为什么在其他接合处没有这样的骨头。所有能运动的部分都和腱有关，特别是那些实际活动的部分，例如在肘、腿、手和脚上就有腱。其他的腱则是为了将骨头连接起来，如果它们需要连接的话；有些部分如脊柱，除了弯
485a 曲外，几乎没有什么作用或根本就毫无用处。因为固定脊柱的是浆液或黏液。其他骨头，如在接合处的骨头，都是由腱

① 指手臂的活动范围和腿上的胫骨。

连接在一起的。

【8】 以现在的这种方法我们对任何事情都可以作出最佳说明；但是，我们必须对终极因加以适当的研究。目的在于运动的事物似乎并非骨头，而是腱或者类似的东西，即导致运动的气息所最先存在的部分，甚至腹腔也能动，而且心脏也具有腱，但是只有某些部分而非全部具有骨头；然而所有的部分都必然有腱，以便进行这类运动或……[①]因为章鱼也能稍稍移动，虽然移动得十分笨拙。我们必须以此作为出发点，即，所有的动物，为了适应它们各自的运动，都具有不同的器官以达到不同的目的；例如，脚的目的是在地上运动，两只脚是为了站立，多只脚是为了完全在地面上运动，它们躯体的质料主要是土性的和冷的东西（有些生物可能完全无脚，因为在这种情况下它们可以由外力所推动）。再有，能飞的生物有翅膀，翅膀的形状是和它们的本性相一致的。这些部分的差异是由它们飞行快慢来定的。它们的脚是为了得到食物以及站立，但蝙蝠是个例外；蝙蝠从空中摄食，为了这一目的它们不需要休息；当然它们也不需要为了其他原因而这样做。硬壳水栖动物有脚，那是为支撑其重量，而且这使得它们能够进行位移。所有关系到其他需要的，都是按照每种动物特殊性质所要求的那样来生成的。甚

① 在原稿中大约脱漏了五六个词。

至在原因并不清楚的情况下也是如此，例如，多足生物为什么爬得最慢，而四足动物为什么比两足动物跑得更快。那是否因为它们整个身躯都伏在地面上呢？或者是否因为它们本性为冷而且难以运动呢？抑或因为某一别的原因呢？

【9】 有些人认为，在身体中活动的并不是热，或者火只有一种运动和一种能力，即分裂的能力，我们说这是不正确的。因为，一般而论，甚至在没有灵魂的事物中它也不会产生这样的结果，而且使得某些东西更稠密，使得另外一些东西更稀薄；它使某些东西溶化，而又使另一些东西更坚硬。所以对于有灵魂的生物来说，我们必须假定其结果也同样如此，我们必须要研究火的本性，就像我们在工艺过程中所看到的那样；因为火在金匠、铜匠、木匠以及厨师的工艺
485b 中会产生不同的结果。确切地说也许是工艺产生出了不同的结果；因为他们只是将火作为一种用来软化、熔化或干涸的工具，有时是用于回火。

对于一些特殊的自然事物也同样如此；所以它们相互间是不同的。从外部来判断那是荒谬的；因为无论我们将热和火的活动看作是为了分离、提纯或别的什么，结果都会因为使用者的不同而有所不同。但是，工艺是将火作为一种工具，而自然则是将火作为一种质料。

这里并没有什么疑难之处，但在这一事情上则存在着更大的疑问，即，使用火的自然，它本身应当是一种理智的力

量，能够将它们特有的形式以及能感觉到的属性分派到对象上去。这已经超过了火或气息作用的范围，所以这样的能力应当和这些实体相结合，这是叫人难以理解的。而且就灵魂来说也存在着叫人难以置信的事情；因为它存在于这些实体之中。所以，这一事实，即它的运动总是在进行着同样的活动，可以合理地被看作是由于同一力量所引起，或者是由于整个，或者是由于某一发挥作用的部分；因为自然（它们就是从自然中被生成出来）是永恒不变的。个别事物中的热有什么差别呢？我们把热看作是工具呢，还是看作质料抑或这两者呢？因为热所能显示出来的唯一差别就是程度上的差别。这实际上就在于它是和其他实体相混合或没有相混合这一点上，因为愈纯粹的就愈强烈。同样的论证也适用于其他简单实体。马的骨头肌肉和牛的骨头肌肉不同，要么这一定是由于它们是用不同质料构成的，要么一定是由于这些质料被使用时不同。如果它们不同，那么每种简单质料的差别又是什么呢？……[①]是什么呢？因为这些正是我们所要探寻的。如果它们相同，那么仅仅只是在比率上存在着差别。两者中必有其一是正确的，就像其他情况那样；酒和蜂蜜的混合体因为它们实体的不同而不同，但酒自身如果有差别的话，那么其差别就在于比率上的不同。所以恩培多克勒在说到骨头的本性时太过简单了，因为，如果所有混合的骨头其比率

① 原稿有脱漏。

相同，那么马的骨头、狮子的骨头以及人的骨头就不应当有
任何不同。但它们在硬度、柔性以及密度上都不同。对于肌
肉和其他部分的差别也同样如此。甚至在同一动物中，在硬
度、柔性以及其他性质上也存在着差别，所以混合的比率不
可能是同样的。如果厚和薄、大和小只是量上的差别，那么
对于混合物来说，硬度、密度及其相反的性质则是质上的差
486[a] 别。但那些坚持这样认为的人一定知道，生物的元素是如何
根据过度与不及，根据被分离或被混合，或根据在别的事物
中被加热（就像被煮沸或被烘烤的东西）而有所变化。也许
这一解释是真实的；因为正是在混合的过程中它产生了自然
486[b] 所欲求的效果。同样的解释也可以说明肌肉，因为它的变化
也是如此。实际上同样的说明也适用于血脉、气管以及其他
部分。所以二者之中必有一真，要么它们混合的比率并非总
是同一的，要么我们就不能用硬度、密度以及相反的性质等
来表达这些定义。

后　　记

通常的观点认为，亚里士多德常常是从无事实根据的假定出发探讨宇宙万物的起源。这个事实与人们将亚里士多德的思想仅仅局限于《形而上学》和《物理学》有着密切关系。然而，亚里士多德关于自然哲学的许多篇章中，根源于实际的科学观点随处可见，《亚里士多德全集》第三卷便是一个极好的例证。第三卷收入亚里士多德关于自然哲学方面的文章共十篇，集中讨论了生命本原及其现象。除《论气息》为匿名者伪托外，其余均出自亚里士多德。根据问题分类可归为三组。《论灵魂》、《论感觉及其对象》、《论记忆》探讨灵魂的本质、功能以及灵与肉所分有的生命能力。《论睡眠》、《论梦》、《论睡眠中的征兆》三篇短文组成一个具有内在联系的整体。《论生命的长短》、《论青年和老年　论生和死》及《论呼吸》涉及的是生理学方面的内容，讨论了生命在有机体内是如何得以维持以及导致死亡的原因是什么等问题。虽然这几篇短文存在着明显的缺点和错误，但令人惊讶的是，他在观察条件极不完备的情况下竟然作出了许多和科学事实极其相似的猜测。《论气息》虽然是一伪作，但由于作者对亚里士多德的许多观点十分熟悉，仍不失为研究亚里士多德思想的有用文献。

第三卷译稿初成于1990年4月，那时恩师苗力田教授病恙在身，但先生不辞疾劳，对译稿纰缪处加以订正，疏漏处予以增益。此外，本书的问世得到中国人民大学出版社的鼎力相助，李艳辉君为译稿加工润色，出力甚多，在此谨致谢悃。

秦典华

1991年12月2日